U0858428

关键洞察力

提前预知别人行为的48个逻辑

（日）内藤谊人◎著

裴琛◎译

天津出版传媒集团

天津人民出版社

图书在版编目（CIP）数据

关键洞察力：提前预知别人行为的48个逻辑 /（日）内藤谊人著；裴琛译. -- 天津：天津人民出版社，2018.3

ISBN 978-7-201-12849-8

Ⅰ. ①关…　Ⅱ. ①内… ②裴…　Ⅲ. ①人际关系学－通俗读物
Ⅳ. ① C912.11-49

中国版本图书馆CIP数据核字（2017）第329481号

著作权合同登记号：图字02-2017-293号

关键洞察力：提前预知别人行为的48个逻辑

GUANJIAN DONGCHALI：TIQIAN YUZHI BIEREN XINGWEI DE 48 GE LUOJI

出　　版　天津人民出版社
出 版 人　黄　沛
地　　址　天津市和平区西康路35号康岳大厦
邮政编码　300051
邮购电话　（022）23332469
网　　址　http://www.tjrmcbs.com
电子邮箱　tjrmcbs@126.com

责任编辑　刘子伯
策划编辑　冀海波
装帧设计　仙　境

制版印刷　北京凯达印务有限公司
经　　销　新华书店
开　　本　880×1230毫米　1/32
印　　张　7.5
字　　数　130千字
版次印次　2018年3月第1版　2018年3月第1次印刷
定　　价　36.80元

前言

preface

我们上学的时候，总是有考试。考试题里，总是有这样的题目：

“下面的文章中有若干错别字，请将其指出并改正。”

“下面的计算有错误，请将其改为正确的，并计算出答案。”

如上，如果有人告诉你，之后你遇到的情形中会有错误，那么有意识地找出错误，应该不会是件太难的事情。很简单，谁也不会在知道前面有坑之后还往里跳。

不过，真正到了职场或是商务场合中，问题就没那么简单了。

“之后我的话里含有骗你的成分，小心哦！”

谈判的时候，能这样善良地提醒你的人恐怕没有吧！对方有几分诚意，是不是在说谎，对方的底线是什么，这一切，你都不得不自己去判断、去辨别。

跟别人初次见面也是如此。

“我嘛，表面上笑靥如花，无比亲切，实际上却是个笑面虎，内心很阴暗的，请注意！”

绝对不会有人这么告诉你他的本质。要看穿对方是什么性格，是不是真诚待人，也只有靠你自己的火眼金睛了。

这本书，就是一本教你如何辨人识物，练就一双“火眼金睛”的模拟试题集！里面设计了许多巧妙的问题，帮你识破对方在想什么、对方的话里有什么深意。

可以说，在商业场合中，最重要的技能莫过于看穿对方隐藏的心理。但是，让人疑惑的是，帮助人们锻炼出好眼力的“辅导书”，几乎一本也没有。

让我们去书店转转看吧！

《如何锻炼良好的交流能力》《训练你的逻辑能力》《磨炼杰出的营业能力》……帮助人培养各种能力的书可谓铺天盖地，可关于“如何帮人辨人识物”的书，却不怎么容易找得到，更别提进行实战练习的训练手册了。

“锻炼火眼金睛”的确同心理学有关，但是，心理学范畴里的相关书籍，又只有大部头的理论著作和介绍文章，让人很难读下去，也很不实用。

在我看来，为了锻炼类似的能力，具有实战意义的问题集，无疑是最方便、最有效的。但这方面的书籍，却少之又少。

诸位朋友，你们是不是也这样觉得：对他人准确而不露声色的洞察力，是我们在社交及商务活动中，丝毫不输于其他专业的、相当有用的技能呢？

我相信你们一定会做出肯定的回答。大家的类似需求，成了我写作的动力。正是在这样无形的督促之下，我执笔完成了这本书。

无论是什么能力，要想将其尽早锻炼得能独当一面，最快、最有效的方法，恐怕就是试着用这些能力去处理实际问题。

我们学数学的时候不就是这样吗？公式、法则什么的可以先放到一边，先套用一下公式，反复解答习题，如果能顺利找到正确答案，自然也就记住了公式该怎么用。

能看破人心的洞察力也是如此。越能解决问题，像这样实实在在的感觉越会滚滚而来——“原来如此啊，原来我也能看懂人的心理，也能知道对方在想什么！”本书的目的，就是希望大家都能成为具有超级洞察力的达人，如果能对大家有实际作用，哪怕只是一点点，作为作者的我就会很开心。

其实，本书选取的48个问题与答案也只是起到“抛砖引玉”的作用，它们的作用是帮助你注意到生活中许多不引人注目的细节。许多看似无关紧要的场景，其实蕴涵了丰富的心理学知识。在解说的部分，我引用了很多世界一流高校的心理学研究者针对人的不同心理而做的各种实验，非常有趣。通过这些实验，学者们进一步论证了通过题目的设问而引发的推断，他们的结论希望能给予你启示。这些新颖的题目和科学的分析，相信能为你洞察人心的技巧带来不小的改进。我更希望，这些题目能引发各位读者对自己目前生活的思考。

读完本书最后一页，你们一定会注意到，自己察言观色的能力增长了不少，在商业活动和日常工作中也较之以往得心应手了很多。如果能善于观察人的神色、动作甚至心理，就能在实际行动中抢占先机，也就不会在人际交往过程中产生焦躁不安的感觉了。并且，学会洞察对方，也会让你在与人相处的过程中创造出令人愉悦和相互信任的气氛，进而与对方建立更好的合作伙伴关系。同时，来自周围的评价也会越来越高……如果你初出茅庐，这些技巧都能为你加分不少哦!

所以，请认真阅读我用心写成的这本问题集。重新思考生活中被我们忽略的点点滴滴。

学会分析他人的心理之后，更请用真诚的心态，去认真对待出现在你生活中的每一位合作者和朋友。

为了成就更好的自己，努力吧!

目

录

目

录

目

录

目

录

01 借钱的学问

请看下面的插图：图中描绘了同期进入公司的两个人，一人在向另一人借钱。那么，你觉得，A、B这两个人中，将来谁会更加出人头地呢？

上一页中的插图，描绘了一位同事在向另一位借钱的场景。一人点头哈腰，一人趾高气昂。

既然问题是：将来能够更加出人头地的是哪一位？一部分心直口快的读者，或许会毫不犹豫地选择B选项。的确，眼都不眨一下，就有能力借钱给别人的人，怎么看都是前途一片大好。

不过，很遗憾，您选错了，并不是B。

“啊？你是不是说反了？明明是右边这个人比较有钱嘛！”

很多读者可能会不由自主地发出这样的疑问，但正确答案是A。这个问题，或许是个出人意料的难题。

能从别人那里借到钱，是这个人被对方信任的证据。

你是不是也有这样的经历：别人向你借钱时，如果不是相信“这个人靠谱，一定会按时还我钱的”，你会将钱借给他吗？

换言之，只有那些自己的才能和能耐被周围人，尤其是对方所信赖的角色，才能顺利地从对方那儿借出钱来。或者，即使这些人现在缺乏能被人完全信任的能力，但由于对方对他/她的未来寄予厚望，也会毫不犹豫地借钱给他。日语中有一句谚语，叫“出世付”，意思是双方约定在发迹或成功后偿还的债务。这句话暗含了一个前提，那就是我借给你钱的前提，是借钱的这位将来一定会还——所以，这道题的正确答案是A选项，即那位向别人借钱的先生。

对于这类问题，我们拿银行来解释，就再容易理解不过了。

对于那些前途一片大好的人士，业务蒸蒸日上的企业，银行当然愿意欢欢喜喜地贷款给他们。“这个人，我可以借钱给他”，是银行基于这个人的信誉做出的判断。

各位朋友，想不想知道你们自己在他人眼中是什么样评价？不论是谁，试着对对方开口这么说：“嘿，借我点儿钱吧！”

试试看。

“别，借钱还钱这事儿也太……”

“哎呀，真对不起，我手头也正紧着哪！”

若是遇到如上种种，被人婉言拒绝的话，大家基本可以判断，你在这个人眼里，并不被信任。

加利福尼亚大学的查尔斯·金教授曾有这样的论述：一个人想要判断自己的人际关系是不是完美无缺、圆滑顺利，向对方借个20美金就看出来了。只要双方的友谊不是建立在互相信任的基础上，借钱还钱这件事情，是无论如何也不会发生的。查尔斯教授以20美金为界的论断或有些夸张，但毋庸置疑，“钱”这个东西，确实是检验人心最真枪实弹的道具。

将来必然要出人头地的人，其平时也一定会具有威信，并被周围的朋友所信任。并且，想知道自己是不是这样的人，钱物的借还，可以作为你的重要参考。只要问问“能借我点儿钱吗”，马上就明白了。

也有人会问，保险起见，对方会对我借钱的原因刨根问底的吧？如果出现这种情况，亲爱的朋友，你在这位朋友这里恐怕是不被信任的类型。如果是真正的朋友，或者他/她真正信任你，一定会连理由也不问，就干脆地说“明白了，借给你，需要多少”的。

是否能取得他人的信任，是决定你将来是否真正出人头地的重要因素。

所以，说句玩笑话，为了检测自己的信用度到底如何，最快、最有效的方法，就是放下架子，跟你想测试的人，张口借钱吧！

正确答案：A

02 谈判桌上的错觉

下图中的两位女性，偶然在同一天受了伤。并且，两位都从事关于营业、营销类的工作。那么，请问，既然这两位都受了伤，在商业谈判中不受影响的，是哪一位呢？

这个问题的实质，是要各位读者朋友选择“个人身体状态对谈判气势、谈判结果不构成影响”的一位。换言之，通过这个问题，希望各位能够仔细回想一下自己在进行商业谈判的过程中，习惯使用什么样的肢体语言，如果缺少了这些肢体动作，我们是否还能顺利坚持我方立场，完成谈判，并达到预期效果。

A选项中的这位女性是手腕受伤，B选项中的女性是头部受伤，绑着绷带。

很明显，跟手腕受伤比起来，很多人认为，头部受伤一定会使思维受到影响，进而使商业谈判的效果大打折扣，如此，我们应该选择B选项，这位头部受伤的女性，谈判失败的可能性一定更大。

“手腕嘛，最多也就写写字，跟商业谈判没什么关系吧？”

许多参加过多次商业谈判的朋友，也会这么想。

其实不然。

如果手臂、手腕等部位不能灵活自如地使用，是会极其影响商谈效果的；失去了肢体动作而无法流畅表达观点者，更不在少数。

举个不恰当的例子，如果有手臂骨折经历的人，恐怕会有设身处地的感受，是会选择A这个正确答案的。

尽管大部分人都认为，我们在同对方谈话的时候，只会动嘴动脑，不会动手，但实际上不是这样的。其实，我们会通过自己特有的、习惯的手势和动作，来控制谈话的状态、速度、轻重缓急等问题。正因如此，如果你的手腕不能灵活自如地活动，谈判就会变得很难进行下去。由此可见，同平时的状态相比，商业谈判中正常的频率和步调也会显得混乱。

哥伦比亚大学教授心理学专家弗朗西斯·罗夏曾就动作与谈话的关系，以“调查、研究会话中的生理反应”为课题展开了研究。他在接受测试的人手掌中装上伪造的电极，告诉他们：“在你们手上装了通电的电极，在谈话中，请不要用手、手腕、手臂等部位做任何动作。”然后，他让受测试者两两进行对话。结果，在整个谈话过程中，弗朗西斯非常明显地发现，受测者表现出很不舒服的状态，谈话根本不能流畅、顺利地进行下去。

之后，罗夏博士将受测部位从手转移到脚。他同样在受测者的脚部装上电极，做了同样的实验。结果显示，腿脚不能动，但谈话依然能够顺利地进行下去。看来，腿脚不能活动，对人们进行谈话时的影响并不大；相反，手及手臂部位不能灵活使用的时候，则会对双方谈话造成相当大的影响，令人困惑。

当然，在这个问题里，关键不是手脚能不能动，而是脑中的思路受到影响、不能正常运转的问题。若是论及哪一部分会更使谈话受到影响，想必手一定会胜吧！不能自如活动手部，谈话会相当受挫，这实在是让人很无奈的事情。

或许，我们平时并没有意识到，日常生活中，我们会频繁地在谈话中辅以手势动作。因此，若是哪位读者朋友不小心伤到手指，或是不幸骨折了，那您要做好心理准备了，因为您的谈话的威慑力和说服力很可能都会大打折扣。

再者，不知各位读者朋友是否有这样的感觉，打手机、打电话时，总会不由自主觉得“嗯，怎么就是讲不通呢！”“对方到底理解我的意思没有啊？”会有诸如此类的疑惑，我也时常有这样的感觉。联系到我们现在遇到的这个问题，答案就呼之欲出了。打电话时，我们手持电话，没有办法做出让对方更容易理解的手势，对方也看不到我们的动作，我们不能通过手中的动作，来掌控、促进谈话的速度和状态。这看似无关紧要的区别，却大大地限制了我们的有效沟通范围。

所以，朋友们，谈话时，请尽量有意识地利用手部动作来辅助推进谈话局势，让声音和动作配合起来，或强势，或镇定……争取游刃有余，微笑自如地表达出你的意见。这样，一定会令你在商业谈判中，及时把握主动权在手中！请试试看吧！

正确答案：B

03 我能读懂你的脸

下图是两位男士的表情，一位微笑，一位严肃，请问性格温厚、人缘更好的是哪一位呢？

这个问题可以算是十分简单的类型了。

我想，大部分读者在看到图片时，瞬间就可以判断出哪一位的性格更容易赢得周围人的好感。当然了，正确答案就是A。

也许，有的读者朋友会问："像这样只凭一瞬间的印象，或者只看表情判断，到底能不能确信这个人究竟是不是好人，未免有失偏颇吧？"那我来告诉你们，从表情绝对是可以看出一个人的性格的。

眉头紧锁，目光严肃——性格古怪，略有些可怕的类型；

惴惴不安，哆哆嗦嗦——胆小鬼，性格懦弱的类型；

爱答不理，表情冷酷——不怎么好接近，性格冷淡的类型。

正如上文所列举，即使只从外表来判断，我们也能够大体上准确地判断一个人的性情和行为方式。并且，我想说的是，通过这道题目能够认真、客观地从人的面部表情判断其性格，远比其他不靠谱的分析来的准确。

加利福尼亚大学的罗拉·诺依曼博士就曾做过类似的实验。

在征得参与实验者本人的允许后，他拍摄了123名大学生的面部照片，并将这些照片给大量的人观看，让他们从照片表情中大致判断照片中的人的性格。

结果竟出人意料的准确。实验结果显示，即使只从照片上判断，相当一部分人还是能够准确地判断出照片中主人公的性格趋向。表情温厚可亲的人，性格也同样温柔体贴；表情略夸张的则是社交型的人，性格也较为开朗，善于社交。

诺依曼博士讲到是否外向、受人欢迎程度、是否开放、是否善良、是否孤独……这些人性格中的元素其实都能从外表进行相对准确的判断和分析。也就是说，我们分析一个人的表情，就能知道他（她）的性格。“啊，那么，内藤先生，如果我想从表情判断那个家伙是不是很重视宗教呢？”亲爱的朋友，像这样较为复杂的问题，单从表情分析，自然是不行的；但性情方面，我们可以说还是容易判断的，人的性情虽然千人千面、形形色色，但大体上的特征和类型都是比较突出的。

有人说，我不是心理学家，我觉得自己读不懂别人的性格和心事，即使给我信息，我也不会分析。

别担心，你可以的。

看到对方的面孔和表情，进行简单的分析，迅速做出判断，结果十有八九是对的。

“内藤先生，我不得不善意地提醒您，很多人依然觉得，只从外表就判断一个人的性格，这种做法行不通。”

我知道有不少朋友会这么提醒我。请不必考虑得这么战战兢兢，你是过于谨慎了。从人的表情出发，即使只是随便想想，正确率也是很高的。

我也这样尝试过，在同别人见面时，我试着从他们的表情判断其性情，很多时候都是正确的。

“某某先生，您一定有令人惊叹的幽默吧！”

“那位某某小姐，可能有时候会比较敏感，对吗？”

“这位某某先生，应该是做事深思熟虑的类型！”

当我这样说的时候，对方都会大吃一惊，然后问我：“咦，你是怎么知道的，他的确是这样的人！”这个时候，我便会微笑着回答说：“我只是跟他见了一次面，根据他的神情判断出的而已。”

能够做出类似的判断，并不是因为我是专门研究人的心理学家，各位亲爱的读者朋友也可以。当然，如果你要对这个人进行更为详细周密的分析，就要尽可能多地掌握关于他的信息，尽量做出客观而不是直接的判断。

就像这个问题，这个人是不是温厚可亲，完全可以相信自己的眼睛和直觉，直接从外表去判断吧！

最后，最重要的一点是，如果对方真的是诚实可靠的人，也请您带着一颗真诚的心去结交这位朋友……

正确答案：A

04 什么样的爱情“见光死”

下面的两幅插图，描绘的是办公室恋爱的两对情侣。从这个场景来看，你认为，每天开开心心而又不影响工作的，是哪一对呢?

这个问题很有意思，办公室恋情，每天抬头不见低头见，在办公室里擦出浪漫的火花，也是自然之理。不容否认，职场是个是非之地，产生浪漫恋情的概率比我们想象的要高出许多。的确有的公司会明确规定“绝不允许办公室恋情发生”，但大部分公司对这样的事情还是采取了比较宽容的态度。

请看问题：哪一对是开开心心而又不影响工作的办公室恋情？那么选择两个人都在大笑的这张就好了，答案很简单，是A选项。这幅图描绘了一对融洽、开朗，不遮遮掩掩的情侣。

那么，像B那样，两个人沉默着拼命隐瞒关系，又是出于怎样的心理呢？

科罗拉多州州立大学的贾斯汀·路米勒博士就恋爱中的两个人是否公开关系对他们心理的影响，针对326对恋人展开了调查。结果显示，将互相之间的恋爱关系向周围的朋友、亲人隐瞒的恋人，其精神压力更大。这些恋人之中，会出现不定时头痛、时常焦躁不安的现象，他们也更容易产生孤独感。这样的恋人，心理健康程度是比较低的。

只要想想，要用尽力气隐藏恋爱关系，而又不能轻易表达感情，一定会很郁闷吧！

所以，各位“白骨精”们，如果你们在公司里遇见了你的Mr.Right，并且他也对你印象颇佳，那就不要扭扭捏捏，尽早跟公司的同事和身边的朋友们分享你们的喜悦吧！

“我们是很认真在交往的，准备向结婚的道路上迈进。”将这样的信息传达给周围的朋友，大家都会欢迎并祝福你们的。有这样坦诚的态度做基础，即使是在办公室里，大家也都不会有怨言。

如果你们偷偷交往，尽管一段时间内，因为你们的试图隐藏，可能不会被马上发现，但若是一不经意暴露于同事之间，对方的反应恐怕不会令你们舒服。想必也有经历过类似尴尬的读者朋友吧！

你们会被大家看到，在公司一起吃午饭，或者在办公室外约会，这些细节是想避也避不开的。与其如此，不如男人一些，把事情向大家和盘托出，赢得大家的赞同，这样不是更好吗？

顺便提醒有了办公室恋情的各位一个需要注意的小细节，如果跟同一公司的某一位同事成为恋人，在公司里，一定要让大家知道你在比以往更努力地工作哦！

或许因为心上人就在离自己不远的地方来回走动，正在工作的你自然也会心神不宁，然而又分身乏术。其后果自然是工作效率低下，精力不集中。

纽约州州立大学的罗巴特·库因博士就做过心理学方面的类似研究。研究数据显示，女性还好些，当男性在职场中恋爱的时候，工作效率明显降低的比例竟然高达21.9%。看来，我们还真是高估了职场精英们的自控能力。

话说回来，一旦在公司收获了美好的恋情，比起耀武扬威地展示“看，我有女朋友了”，还是把精力集中到工作上来吧！如果不付出更多的努力而导致无法完成工作，态度再坦诚，也会引起周围人的皱眉和非议。

发展了办公室恋情，或在相近的职场中找到了生命中的另一半，实在是一件令人感到无比幸福的事，尽早向同事们、朋友们公开也完全没有问题；但要注意，恋爱是恋爱，工作是工作，说起来容易做起来难，一定要尽量把两者分开，分清主次，努力工作哦！

这样，也会给你的他（她），创造一个更安心的未来。

正确答案：A

05 哪种环境容易拉近关系

下面两幅图描绘了有轻微不同的职场氛围，请各位判断一下，公司气氛融洽，大家更能互相帮助、和平共处的，是A还是B？

聪明的读者可能会注意到，这两幅图里，办公桌以及整体的布置大致是一样的，但窗外的风景可能会略有不同。A的外面是高楼林立的CBD，B的外面是青山绿水的乡村风景。

如果是你，在哪个环境里，心情会更舒畅呢?

是的，这个问题的重点是工作环境的问题。在自然环境中的人际关系，和在都市办公室里的人际关系，其融洽程度，是有很大不同的。

“我经常会感觉到，城市里的人际关系真是十分冷淡啊！”

“不少人都说，农村里的人际关系更令人感觉温暖……”

如果你常听到有人这样说，或者自己也时常这么想，那么答案就不言自明了。

正确答案是B。相信这个问题大家也能简单作答。

但其中折射出的工作环境问题却引人深思，换言之，为了让你的工作环境看起来不那么压抑，你应该怎样设计，用怎样的心态去对待自己朝夕相处的职场呢?

同时拥有在乡村和在城市两边的生活经验的读者应该会明白我要表达的意思。用最简单的话来说，就是农村里的人际关系明显要比城市中的更亲切、更融洽。

在电车里，素未谋面的老妈妈会主动拿起手里的水果问你：“小伙子，要不要吃个橘子？”这样的场景，在农村似乎司空见惯，不足为奇。

从这一点来说，都市里的人与人之间，便容易使人感觉枯燥无味，甚至提不起同他人成为朋友的兴趣。

罗切斯特大学有一位叫奈特·韦因斯坦的心理学者。他说，在自然环境优美的地方，我们对人和善的心情，以及想要帮助他人的愿望会因为受到周围开阔的环境之影响和暗示，而得到进一步增强。也就是说，在风景优美的地方，人际关系会更融洽、更美好。

但是，现实状况是我们大部分人都不得不生活在像水泥森林一样的城市里，每天都要面对鳞次栉比的高楼大厦。那么，希望各位职场人士，休息时间就不要很“工作狂”一样地待在办公室里了，跟同事、朋友们一起多去郊外进行一下登山、钓鱼等活动，总之，尽量去比较开阔的自然环境里陶冶一下身心。在这样的活动中，通过一些合作完成的项目，激发互相帮助的热情，之前在办公室同某些同事尴尬的人际关系很可能也会得到不小的缓解，之后再相处，就容易多了。

请借助自然的力量，拉近彼此的关系，建立起新的友谊吧！

这个问题的答案，是要选择“公司内气氛更好”的一项，无疑是办公室在乡间的这一项喽！

当然，我们也并不是说这道题就百分之百有代表性。实际生活中必然有很多例外，基本的规则却是这样的。

很多在都市的公司都存在慢慢削减像公司内部外出旅行、宴会等活动的经费。而事实上，这些活动都能使人际关系变得更密切。从理论上讲，这是公司在为努力建立正常的、公式化的人际关系所做出的努力，值得支持。但在乡间的公司里，却依然还在举办着类似活动。

这并不是谁是谁非的问题。但是，受不了都市里淡漠、干巴无味的人际关系的人，只要有能力、有条件，恐怕就会选择居住在乡村。在同大自然亲近的地方，虽然那些稠密的工作关系、邻里关系有时也会让你应接不暇，略有不适，但唯有如此，人与人之间交往所传递的热度，才会实实在在地温暖人心。

所以，各位职场里的朋友们，也请适当清理一下办公桌上杂乱的文件和脑中嘈杂的声音吧！让些许绿色，透过对朋友的关爱，住进你的心田。

正确答案：B

06 演讲要点应如何记录

下面这幅插图里，正在举行一个研讨会。听讲者中，有一位托着腮侧耳聆听，有一位正在奋笔疾书。请问，能认真把演讲者话中要点记录下来的，是哪一位呢?

插画中描绘的两位男职员，都坐在演讲者的正前方。“你瞧，他们都坐在前排呢！”是的，考虑到他们坐着的位置，能够推断出，他们一定都是怀着极大的热情来听这个研讨会的。如果是被老板命令着，很不情愿来参加，大抵都会抢着坐在后排。

分析完了这些细节，我们再来深入观察一下。

答案A中的这位男职员，正在用手托着腮。“托腮”这个动作比较微妙，容易给人不怎么正经干活的印象。

但是，请读者们仔细观察A中这位男职员的目光。这位职员，其目光恰恰在一直注视着演讲者。从这个细节，我们可以发现，他在一直聚精会神地听演讲者的发言。如果是因为无聊或是走神而托着腮，其目光一定会朝向诸如窗外或是其他地方，而不是演讲者。换言之，说明图A中的这位男性，在认真地听讲，没有走神。托腮只是他在精力集中时，偶尔的一种习惯性动作而已。希望各位做题人士一定要注意分析到这一关键点。

那么，图B中这位男职员又怎样呢?

这位男职员，一直在不停地记笔记。

记笔记的表现，很容易给我们留下“认真、细致、努力，认真听对方讲话并记录”的好印象。

的确，很多经济管理类书籍也会这样指导我们：“在听别人讲话时，为了不漏掉重点，最好边听边记。”不少书里都是这样，白纸黑字地指导我们：“好记性不如烂笔头。”

如果在这个问题里，设问要求是“能认真把演讲者话中的要点记录下来的一位”，想必很多人会毫不犹豫地选择B。

但是，请诸位想一想，喜欢记笔记、带本子做记录的人，往往会安心于自己手中的记录，但脑海中并没有真正记住重要的信息。他们往往会笔记本不离手，随时查看下一步的安排，以防遗忘，大脑中却没有储存相关的信息。所以，倒不如不记笔记，“我只听这一次，就把对方话里的关键信息全记在脑子里！”拿出这种工作态度的人，倒是会更加理解对方讲话的内容。

过度依赖笔记和各种备忘录的人，就无法锻炼出良好的记忆力。

总想着，本子上记着呢，不会误事的——很明显，你大脑记忆的能力就这样衰退了。因此，那些为了锻炼自己的记忆而不依赖笔记，努力当场就记住的人，到年老时大都拥有更好的记忆力和思维能力。

匹兹堡大学的约翰森·斯库勒博士也指出过，看似帮了大忙的笔记本、备忘录，其实是祸害你原本良好的记忆力的元凶。

在斯库勒博士的实验里，他将接受实验的学生平均分成两组，让他们观看同样的视频录像。让其中一组记笔记，另一组不记。看完录像后，他用小测验的方式要求学生将录像中出现的登场人物一一重现。结果发现，记笔记的一组正确率为38%，但令人惊讶的是，没有记笔记、仅凭认真观看录像形成的记忆的这一组，其正确率竟然高达64%！

比起漫无目的的笔记，料想还是图A中这位男士，由于一直聚精会神地听讲，其能记住的有效部分以及发言的要点和整体逻辑等，一定会多于另一位男士。

当然，我并不是让大家放弃记笔记的好习惯。只是希望各位正在各种大小会议中盘旋的人士们，不要总是忙着敲击键盘和往本子上做会议记录。适时动动脑子，活跃一下记忆，也是不错的方法。

正确答案：A

07 你适合做新项目吗

本文的插图描绘了一个正在商讨新商业项目的画面。

在团队成员讨论新企划的过程中，一位职员器宇轩昂、畅所欲言，而另一位郁郁寡欢、不苟言笑。请问，你觉得，A和B哪一位更容易生气、发怒呢？

请注意，在设问中，有一句关于这是“新的商业项目”的提示。一个公司，如果要企划新的商业活动或项目，必然会慎之又慎，周密考虑。万事开头难，新项目在实施伊始，总会遇到各种各样的问题；而令人招架不住的是，一旦开始，就不能简单地取消这个项目了。

带着这样的观点，我们再来观察一下这张插图，就不难发现，A中的这位男性，正在意气风发地发言。我们可以推断，如此富有自信，很有可能是对新项目实施的难度和风险并没有做出充分的分析，由于低估了实施的难度，自信心满满是很正常的状态。B中的男性正将手放在胸前，沉思着什么。说明这位男士应该具有做事善于思考、相对慎重的性格。

问题是要求我们来选择一位“更容易生气的职员”，其实质是希望我们做出如下分析：到底是不畏风险的人容易生气呢，还是性格慎重的人容易生气？

让我们利用自己的常识来分析一下。

不畏惧风险，在职场和生活中一直大踏步前进的类型，应当属于积极向上、富有感情，比较容易冲动的。在这个意义上，我们可以做出判断，这种类型的人，一般是比较容易被激怒的。

不要担心，这样的判断是正确的。本题的正确答案就是A。

卡内基梅隆大学的珍妮·弗拉纳博士就曾这样指出，正是容易生气或被激怒的人，其追逐风险的勇气和不畏惧风险与困难的能力才会更高。冲动的人往往会勇往直前、无所畏惧。相反，性格偏理性的人，更倾向于夸大困难，为的是慎重行事、规避风险，哪怕这些风险仅仅是他们自己的推断。

开会时，面对之前未被开拓的事业，这两种人就会有完全不同的意见。比如前者，通常会有如下语言：

“这个项目很不错，我们行动吧！”

“总之，像我们公司这样的小企业，不突破前进是行不通的呀！”

“攻击，就是最好的防御！大家不都常这么说吗？”

在这样的人心中，前景永远光明。他们也更容易因为一些小事而被激怒。

喜欢尝试新事物，喜欢不断前进的性格类型，不会轻易认输，遇到困难时，由于他们不相信会真正地失败，因此不会轻易消沉，所以，很容易随口喊出：“这算老几！一点小事而已！”以及类似的话语。

因此，我的意见是，即使这类人很容易生气，性格冲动，大家在选择新项目企划人或总负责人的时候仍不妨考虑具有这样性格的人。他们处事积极、不畏风险、一直乐观，更能有效地帮助项目大踏步前进。但由于他们比较冲动，容易触怒、生气时，同大家偶有不和的现象也时有发生。整体来讲，他们是精力旺盛的“能量派”，比起顺其自然，更信奉“坐而言不如起而行”，对新任务会竭尽全力——这一点，在市场拓展等方面，应当算是很大的优点。

顺便提醒大家一个小细节，那就是从声音判断性格。上文的“能量派”，由于既积极又乐观，还时不时会发个脾气，你可以判断，他们的说话声音一定高于周围的同事。同他人相比，说话声音更大的人会更容易生气，这是毋庸置疑的。那些说话像蚊子的嗡嗡声一样的职员，做事的确小心谨慎，但却可能常常持有一种被动的、悲观的心态，不善于发现新的可能性。

各位职业经理人，在挑选员工时，履历之类的固然重要，但一定要根据你亲自判断的性格类型，来分配其工作岗位！

正确答案：A

08 怎样更容易被谅解

图A中的女侍者，是刚来还在实习期的新人；图B的女侍者，已经在这家店工作了很长时间，现在是餐厅的领班了。在这幅图中，她们都不小心将杯子打翻，给客人带来了麻烦。那么，请问，两位女店员中，哪一位女店员的表现，能让客人不但不生气，还会笑着原谅自己？请推断一下。

首先，我们来观察一下图中A和B两位女性的不同表现。A店员，由于是新人，打翻了杯子，显得很惊慌，反应比较大；B店员，由于已经工作多年，表现镇定，正在向客人道歉，其迅速、镇定的回应可以说是无懈可击。

简单地说，这位比较专业的店员应该对道歉、赔付这类问题很有处理经验，其言辞和行为一定不会令客人的心情糟糕到哪里去的。

那么，请各位读者转换角度，站在客人的立场上去思考一下类似问题。

当我们看到店里的新店员胸前佩戴着“实习生”的标签，不小心打翻了杯子或做错了事情，然后惊惶失措地说着：“对……对不起！”并努力来向我们道歉，希望求得客人谅解，不要收获“差评”……看到这些，你还忍心对这位店员生气吗？

“啊，没事，算了算了，一点儿小问题，不必紧张在意！”

说不定，你还会反过来安慰她。

但如果是工作多年的老牌店员，遇到这种事情之时，面对她们娴熟的道歉，你倒是不会真正感到舒服和释然吧？

人的心理就是这么奇怪。比起像机器人一样熟练地接待你的店员，你反而会更容易对那些还不完全熟悉业务、战战兢兢走上工作岗位，还会犯些小错误的店员有更好的印象。因为在这种情况下，你的潜意识里产生了“彼此彼此，大家都是人嘛，没关系”的心情，同对方产生一定程度的连带感，这个时候，错误本身就变得不那么重要了。

英国萨塞克斯大学的塞敏博士和同事曼斯泰德博士共同合作过类似实验。在一家料理店里，面对同时给客人添麻烦的店员，比起冷静沉着的应对方式，人们更倾向于原谅那些红着脸、很不好意思却很努力在解决问题的年轻店员们（请见下图）。

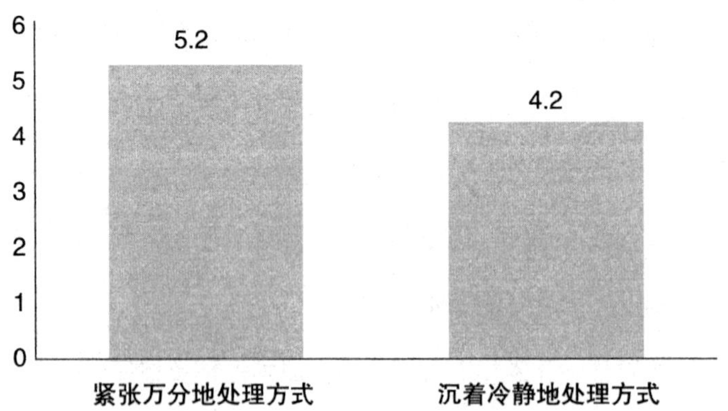

像新人一样紧张却态度认真的处理方式更能得到客人的好评

左侧的数字是对打翻杯子的店员的印象的好坏程度（6为满分，即印象最好）（本图出处：semin，G.R.，& Manstead，A.S.R）。

所以，不必刻意装成很熟练、很有经验的样子，做你自己就行了。客人们不会对你刻意而为的娴熟和世故有更好的印象。

如果读者朋友里面有人在消费者窗口或其他地方担任客服工作，一定会深有感触。比起冷静沉着地处理客人的投诉，倒不如真诚一些，没有经验就大大方方承认，哪怕是红着脸，“对……对不起！真的感到很抱歉！”像这样，真诚地道歉就可以了，客人们一定会原谅你的。

尽管行业千差万别，但在犯错误这件事上，大家的反应应该都是一样的吧！比起工作了很多年的员工，新人们即使错误频出，也会更容易获得大家的谅解和指导。工作年限越久，客人们对你的要求就越高，尽管工作内容都是一样的，这是无法避免的事实。

亲爱的朋友们，需要注意的是，新人更容易获得谅解的原因不外乎真诚、努力地处理错误，这才是问题的关键。别因为你是刚刚入行，就凭借新人的身份放松对自己的要求，因为新人迟早有一天，会变成“老人”的。你需要做的，是尽快让自己从脆弱不安的“草莓族”心态转变过来，偶尔犯错误是正常的，常常犯错误，只能说明你不够细心和努力了。

正确答案：A

09 让老板更喜欢你的秘密

插图描绘的是在某公司情报开发部工作的上司和部下的关系。老板手下有两名员工，即使他很想公平地对待这两个人，但仍不免在工作中偶尔出现偏袒某一位的倾向。下面A和B两位部下，请判断，他会更容易偏袒哪一位呢？

首先，让我们先研究一下这两个人的外貌特征。

图A中的主人公，嘴角向下微微下垂，绷着脸，看起来表情略有些严肃。而图B中的主人公，嘴角上翘，一副健康阳光的样子。经推测其性格也应该是健康向上的。由于问题问的是上司可能会在不经意间偏向的类型，想必很多读者会选择B项。

但是，如果再看一下这位上司的表情和容貌，然后重新观察一下两位部下。应该会有上司同图A中的男性“神情十分相像”的感觉吧！不知道大家注意到没有，图A的主人公同上司，从眼角的位置到鼻子的形状，以及略粗的眉毛、五官和神态都比较相似。

经我这么一说，各位读者也可能对此有所察觉了。

如果谁能一下子就看出来，这两个人的气场非常相似，其观察人的水平可谓不低。

潜意识里，我们时常会出于在日常人际交往中寻找同类的状态。对同自己比较相似的人，会无意识地抱有好感，认为彼此更容易互相理解。

这便是我们常说的“同类法则”。

我希望大家回想一下自己身边关系密切的好友们，或者是自己的恋人。你们互相之间的神色，应当有很多相似的地方。当然，并不是说你们彼此就是同样的人，但你们的行为方式和气场，应该多少会有“同类人”的感觉。我们通常会对同自己比较像的人抱有好感。

就像本题中的这位上司，尽管自己想着“要公平对待我的部下”，但如果他略微对谁有些偏爱，那一定是图A中这位男士。“同类法则”说的即是这个道理。这是被乔治亚技术研究所的顾廉·巴斯凯特博士的实验所验证过的。在做出决定的时候，我们往往会倾向于从外貌或神情、性格同自己比较相像的人。

根据巴斯凯特博士所做的实验，人事部门的负责人，对于同自己比较像的公司职员，所付出的薪水竟然会比同自己不太相似的职员高出一千美元左右！这便是无意识中的倾向性所导致的。

如果读者中有人遇到过类似情况，比如自己的上司特别钟情于某位同事时：

“什么嘛，为什么这么重视他，真搞不懂！”

你很可能也有过类似感到愤慨的时候。

倾向、偏爱这件事，在人际关系中是一种很普遍的现象。如果各位坐到自己老板的位置，很可能也会对同自己共同点比较多的部下有所袒护和照顾。这并不是你的理智所能决定的事情，而是在长期工作中无意识地流露出的倾向，因而本人可能也并不会意识到。所以，如果你发现自己的老板对某些员工有照顾的倾向，“啊，算啦，这种事也是常有的嘛，人之常情！”希望你能这样轻松地去看待。

话说白了，要做到绝对公平待人，其实是不可能的。

我们对某些特定的人和事怀有偏爱，有倾向性，唯独喜欢某个类型，等等，这都是很自然的人之常情。喜欢和接近同类，讨厌和排斥异类，在人与人交往中经常会见到。既然是自然的心理，就不必为之耿耿于怀、针锋相对，我们需要做到的是尽可能把主观判断缩小到合适的领域，不至于让自己的偏好影响正常工作的良好循环；同时，善于观察自己上司和目标人物的价值取向以及行为方式，在不违背原则的情况下，向对方靠拢，以求得认可，毕竟，谁都喜欢有相同立场的人。所以，不必介意向同事表达你欣赏的人的类型哦，因为大家都是这样的！

正确答案：A

10 如何选择谈判场合

下面插图里描绘的是分别用作会客室和会议室的两个房间，室内布置略有不同。请问，不适合作为商业会议用的，是哪一个呢?

这个问题想必对各位职场人士来说是有些过于简单了，各位读者一看便知。打眼一看，图B中的办公室便会给人一种异样的感觉，并且这种感觉非常明显。房间里摆放着很大的异国情调的装饰物，墙壁上竟然挂着一个“鰯”字。不由使人感到无限疑惑，办公室里为什么要挂个“鰯”字？

同理，第一次踏入这间办公室的客户一定会疑惑，“好端端的会议室，挂个沙丁鱼的汉字做什么？”“这个牌匾是什么意思？”这样疑惑的结果使谈判前段的内容就被忽略了。

如果设计者回答说，这样设计和摆放正是为了要扰乱对方的思路，那我也无话可说。但实际上，这种房间的布置非常不利于进行安稳或具有较重要的谈话。题目要我们选择“不适合作为商业会议用的”会议室，那无疑是B项。

人们的注意力，总是会被面前不和谐的、异样的东西所吸引。

在办公室里，如果放上一些并不适合办公的物品，我们的视线自然会被这些外来之物吸引过去。实在是让人很无奈。根据不同的情况进行不同的设计，放置不同的物品，本是应有之义，在格调统一的环境里出现不属于这个环境应有的东西，一定会让人感觉异样并分散精力。

在比较正式的商业谈判中，还是尽量不要分散双方的精力为好。像图B这样放上不少带有异域风情的装饰品，感觉非常不专业，无疑会影响谈判的效率。

美国克拉芒大学和研究生院的凯西佩斯迪克博士，将61名大学生带到幼儿园的教室里，要求他们观察一分钟自己所处的教室。

只是，她将幼儿园的教室进行了不同的布置。她选择了两间教室，一间是放着孩子们玩具的普通幼儿园教室；另一间里，她放上了类似灰色盘子等跟幼儿园教室很不相符的物品。

学生们被要求对教室进行1分钟的观察，然后接受有关“室内所放东西”的记忆测试。结果，学生们清楚地记得教室里跟“幼儿园”这个概念不相符的物品，对于那些幼儿园里本应该有的东西，反而没有特别清晰的记忆。

这说明，我们对同自己设想中不一样以及违背期待的现象会格外留心和注意，在相同条件下，我们只会记得这些不一样的信息。

在进行正式谈判的时候，恐怕双方都是希望能尽量将精力集中在所要商谈的要事上吧！所以我们应当注意，不要让没有用的事情或物品牵扯人的精力，集中注意力是最重要的。因而，在为进行谈判而准备的场所里，最好不要放置会吸引人注意力的、有新鲜感的物品。

我曾经有过这样的教训。被某家公司叫去谈正经事情的时候，我被社长办公室里放着的先锋派艺术品所吸引，漏掉了谈话中很重要的信息，真是追悔莫及。读者朋友们，有过类似体验吗？

办公室这样的场所，需要人万分谨慎地处理事务，最好不要用玩耍、戏谑的心态来对待，尤其是室内设计，没有必要太过有个性。特别是要接待外来客人的会议室，还是正统一些比较受欢迎。我们平常做事也是一样，需要不被打扰的时候，就尽量不要让身边出现太多牵扯精力或感到不对劲儿的事情，不然会很影响工作效率的。

你的办公室，是不是也这样专业、正统、有活力呢？

正确答案：B

11 你为什么没有人缘

图A、B中是两位同时加入公司的年轻人。请问，这两个人中，你能判断出哪一位更有人缘，更能受到顾客的喜爱吗？我们假设这两个人的沟通能力没有差别，性格都很开朗。

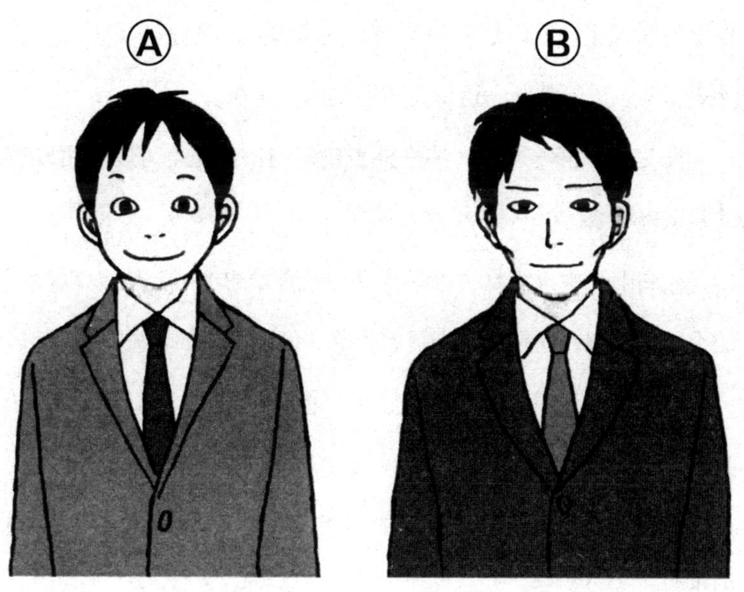

图A中的男性，不论怎么看起来都像是还没长大的孩子，其面容就是我们平时所说的“娃娃脸”。相反，图B中的这位男士，从外表看来十分沉着镇定，给人很平稳的感觉。“这是……两位同时加入公司的新人？”我们从外表判断的话，图B中的男士像是公司前辈，图A中这位，倒是非常符合新人的形象。

既然问题中为各位读者规定了“假设这两个人的沟通能力没有差别，性格都很开朗”，有了这个前提，我们便不用分析诸多性格上的区别了。所以这个问题最终的落脚点，还是需要大家根据外表和神色进行判断，这也是本题用意之所在。

没关系，第一印象大都是外表决定的！你完全可以应用既有的常识来推断。

在周围人中人缘好、容易受到大家喜爱的类型，是“娃娃脸”的小胖子A呢，还是看起来沉着干练，偏瘦一点的B呢？

读者朋友们看到这里，应该已经做出判断了，你们应该会认为是“娃娃脸”的A吧！

容易被人接近、被人喜爱的类型，是面相上显得更年轻的类型吗？

的确是这样。

内布拉斯加大学的一位叫凯奈斯·荻芬巴克的学者曾经就此专门分析过男性的面貌。他发现，外表看起来比实际年龄年轻的人，比起外表看起来比实际年龄老的人，更容易受到周围人的欢迎，并能赢得对方认可自己有魅力的评价，也就是说，“娃娃脸”的人相对来说，人缘要更好。

在同他人相同的环境下，无形之中，长着一张“娃娃脸”的人，其外貌会为自己加分不少。

这个问题在问：谁更能受到顾客的喜欢？正确答案无疑就是A。

不过，有人问，这么说来，长得成熟的人，就总是吃亏吗？

当然也不完全是这样。

长了一张“娃娃脸”的人，看起来固然可爱、容易亲近，却不会被认为是适合当领导的人。从这点来说，面相偏成熟的人，会被认定为“一看便知道，这人有做领导的潜质”。

如果这个问题改为“适合做团队领袖的是哪一位”的话，你就可以毫不犹豫地选择B为正确答案了。

“啊，看来我长得比同龄人成熟也不是坏事嘛！”

请各位略有点不服气的读者放心好了，不同的面容，总有不同的长处。

我便是如此，由于自己长得比较成熟，同时有着因为外貌受到损失的时候和占到便宜的时候。我们应该明白，面容显得年轻或者成熟，其实同个人事业并没有直接的利害关系。

最后，再画蛇添足地多嘴一句，判断一个人是否和蔼可亲，或是成熟镇定，如果单从面相上来说，可以着重观察他的两颊是否凹陷。脸颊是很重要的部位，往往会反映一个人心理的成熟度，要善于观察，凯奈斯·荻芬巴克博士也是这样建议的。

开个玩笑，你想让自己变得年轻一些？多吃点儿，脸变胖些就好了；想让自己看起来成熟老练？减减肥，瘦瘦脸吧！

正确答案：A

12 怎样握手会让人记住你

下面两幅插图描绘了双方在握手时的情景。图A中的握手镇定有力，图B中的握手礼貌轻盈。请问，哪一种握手方式，更能给人留下好印象呢?

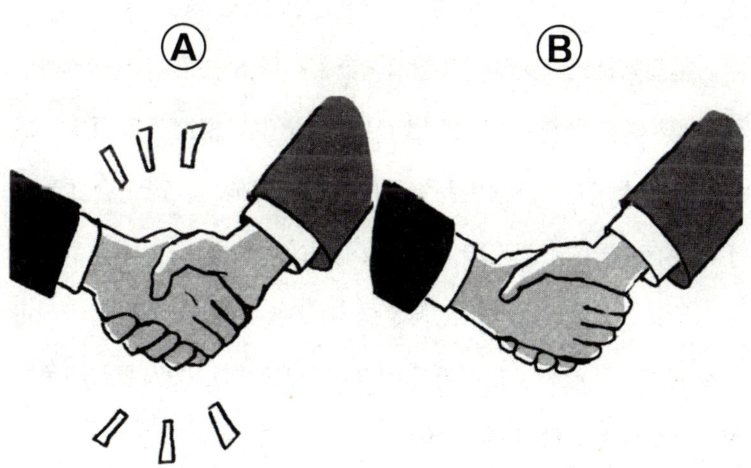

许多欧美的商务书籍中都提到过这样的建议：“同他人握手时必须用力”。的确，像死鱼一样软绵绵、无力的握手，很容易破坏对方的兴致，影响双方交流的效果。

如果想让握手具有增进关系的效果，就应当做好“用力握手”的心理准备。这样能体现出你的诚意和期待，是给人留下好的第一印象的诀窍。

图A中描绘的用力握手，就很好地把握住了这一点。这样的握手，会给人以“很有能力”的印象，使你的形象显得健康、阳光，非常正面。而图B中的握手，未免就略显软弱了。

美国阿拉巴马大学的威廉姆·查普林博士做过这样一个实验。他让4名学生当判定员，召集了112名学生互相握手各两次。然后，他调查了这4位学生判定员的想法，问他们，对于会面时握手力度有差异的不同人群，有什么不同的看法。

于是，他发现，这4位判定员均认为，用力握手的人，一定是社交型、开放型、性格开朗的群体，他们对这些人普遍印象较好，并给予了非常正面的评价。

而对于握手不怎么用力，甚至有些软绵绵的人，他们竟然给出了类似内向、有神经质倾向、似乎隐瞒了什么等一些倾向负面的评价。

在日本人的商务场合中，可能握手还不是非常普及的交流方式。但如果有需要握手的时候，请各位尽量用力地握，将对方手的大部分握在掌心中，不要刻意留下松松垮垮的空隙。这样，会为对方留下较有诚意的第一印象。

当然，很多时候对方并不会主动同我们握手，这时，我们应以建立诚信为基础，带着自信，积极地向对方打招呼。

“初次见面，请多关照！”

“您好！”

像这样先同对方建立良好的互动以后，再自然地伸出手，对方一定不会拒绝。类似一两个回合之后，就会建立起良好的第一印象。所以，即使是作为同对方建立联系的战略，也请一定记得使用“握手”这一招。我们可以回想一下，很多政治家便深谙此道，在选举大战开始的时候，那些掌握着权力的人，每次见面都把手握得红彤彤的。

另外，握手的时候，一定要记得，直视对方的眼睛。用力握手加上直视对方的眼睛，对建立一个诚信可靠的自我形象是非常有用的。如果你东张西望、眼神乱飘，会显得你不够尊重对方，也暴露了你心理上的紧张。

并且，握手后不要马上把手松开，要至少停留2至3秒左右。这样做能有效提升同对方的亲密感。而且，握手时，也不要同第一个人握很久，却跟后面的人草草收场，这样也容易造成厚此薄彼的坏印象。

各位，请记住以上关于握手的建议，并作为自己的武器，灵活地将其运用到商务场合中吧！

有效的握手，是最好的自我介绍。

正确答案：A

13 何时让人帮忙是最好的

这里有一位组长，他今天工作繁忙，想让部下加班，帮忙分担一下工作。那么，在下面A和B两幅图所画的工作环境里，哪个时候拜托部下，最容易得到他们“OK，没问题”的肯定回答呢?

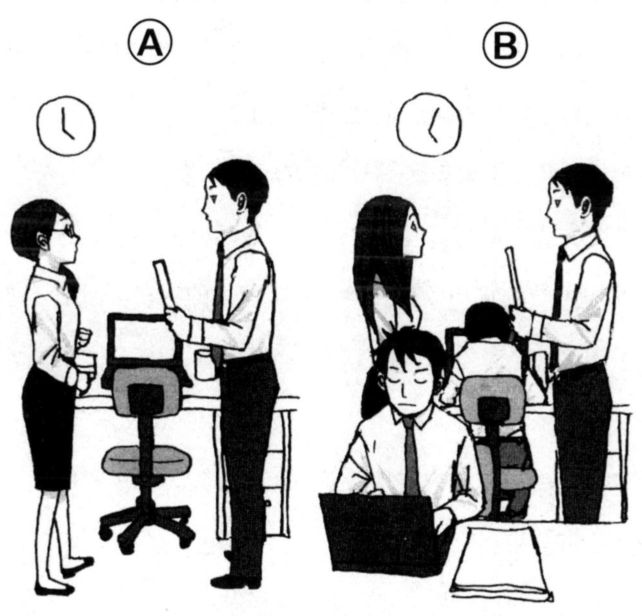

首先，让我们一起来观察一下图里的环境。首先映入眼帘的应该是办公室里的钟表。图A显示的是临近下午5点，图B显示的，则是下午5点零5分。这个信息，在向我们说明着什么呢？

关于钟表的思考就此打住，各位不要想得太复杂，在时间上只有5分钟的差别，所以并不能说明任何问题，在这道题目里，时间的差别可以无视，甚至不会影响到对方是否做出肯定与否的回答。即使图A显示的是深夜5点，图B显示的是下午5点，对方承诺帮你的概率也不会有什么变化。在工作中，时间的早晚通常不是影响对方是否同意帮你的主要原因。

那么，我们再来观察一下其他的环境因素。

于是，你会很容易发现，图A中的环境中，除了组长和被拜托的员工之间的互动关系，并没有其他人的存在。而图B中的情况呢？周围都是跟自己一起工作的同事，组长在拜托员工做什么，完全能被周围的人听到。

这个场景委实令人有些费解，乍一看到，对读者们来说，可能会不太好分析。

从心理学角度分析，我们应该这样做。

“拜托别人做有困难的事情时，视周围情况，在有他人在场的情况下向对方讲出来比较好。”

虽然大家知道这样做是正确的，但解答这个问题，对于广大读者来说的确有点难度。

据波士顿大学的克伊·萨托博士的观点，在周围有他人在场的时候，我们会无意中更留心来自外围的眼光和评价，因此，会表现出在众人面前所需要的特质，比如待人亲切，有求必应，好说话，乐于助人等等。我们想让周围的人知道自己的长处，留心到我们的闪光点，看见我们性格上善良、平易近人的一面。

萨托博士的实验是这样的。他设计了一次捐款，让捐款人身处两种不同的环境，即周围有人时和只有自己独处时。这个实验的结果同预料的一样，在有他人在场的时候，萨托博士募到了比被实验者独处时更多的资金（请见下图）。

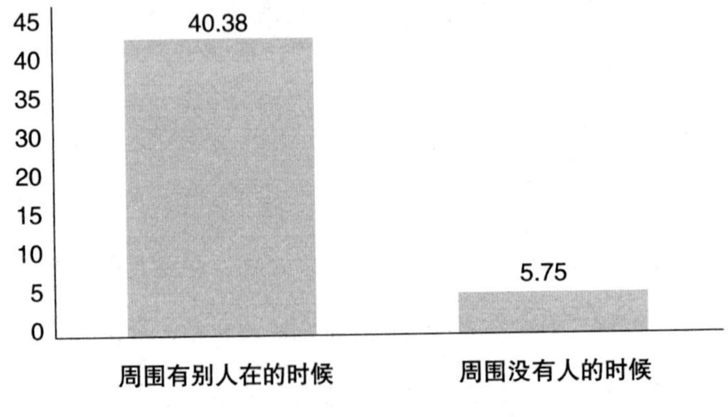

在众目睽睽之下，我们表现得善良多了

“XX先生，拜托帮个忙吧，有点事情没做完，能稍微加个班吗？”

拜托别人的情况中，当对方身边有他人的时候，更容易得到“真没办法，那就帮你吧”这样肯定的回答。个中原因就像我们分析过的一样，如果遇到被别人求帮忙的事情，在周围有目光扫过的时候，我们会有意无意将其当作炫耀自己乐于助人、亲切善良之性格的机会。

周围有其他人在时，受托者一般的心理是：“别人在拜托我帮忙，如果我拒绝了，会不会给别人造成我比较讨厌的印象？”这种内心的不安，一直在作用着并影响了我们本来的判断。在“被别人看着”的微妙状态下，人们都会不好意思起来，不会直接拒绝对方的要求的。

所以，真到了需要他人协助的时候，如想成功，并且不涉及隐私，还是找个有“观众”的地方比较好。这道题的正确答案是B。

正确答案：B

14 如何获得谈判主导权

下面的两幅插图，分别描绘了正在赶路的两位男士，他们正要去同客户进行一项重要的谈判。那么，请就他们现在的样子，推断一下，哪一位男士能在将要进行的谈判中持比较强硬的态度并占据谈判主动权呢？

“谈到商业谈判，游刃有余、临危不惧的谈判态度和方式非常重要。如果没能为自己留出足够的时间和空间，那在谈判上态度一定硬不起来。如果是这样，我们就要尽量减少在行程上浪费的时间。打出租车去吧！优雅从容地抵达对方的公司，一定能为之后的商务谈判保存好体力，打好基础，在谈判中占据主动位置……”

“好吧，正确答案就是B了！”

“漫长的商业谈判中，如果双方实力相当，那最重要的就是体力了！我有过类似的经历，一场谈判下来会非常疲惫。从这点来说，乘坐出租车，能够有效避免浪费不必要的时间，保存体力，从而有利于谈判。所以，体力得以保存的B应该会在谈判中占据主动权。比起骑自行车的A来，他一定会取得更好的成绩的……”

“我觉得正确答案应该是B！”

恐怕会有相当多读者也是这样判断的。确实，读者们的推断合情合理，并且，即使在谈判目的地不是很远的地方，大家也不会步行或骑自行车去。但是，遗憾的是，这个设问的正确答案应该是A项。

我们的身体很奇妙，活动越多，其本身发挥出的活力就越大。

当身体温度适当提升，那种性格里不服输的精神和合理的攻击性就会被充分调动，萌生掌握主动权的欲望。

参加迫切需要必胜结果的商业谈判时，尽量提前运动一下身体，不乘坐出租车，步行一下，早走一会儿。在目的地很近的情况下，朋友们，干脆骑辆自行车过去吧！

你越是积极地调动你的身体，身体中控制的欲望就会越强。

宾夕法尼亚大学的多夫·基路曼教授的实验就有类似我们今天谈到的这个问题。他着重考察了生理变化对人的性格带来的影响。他让被实验者进行骑自行车的运动，然后在其身上装上能感应对他人喜欢和关注程度的电压冲击装置，测试骑自行车运动之后的被实验者身体内技能的反应。结果发现，轻度有氧运动之后，大家的电流都会增强。这说明，经历类似骑自行车这样的运动后身体微微发热的人，性格中的外向型、攻击性特质会变得更明显。

这说明人运动得越多，身体默认的性格倾向就会越来越朝着外向、强势的方向发展。

比如做外勤类工作，需要外出比较多的人，其性格中开放、攻击性的因子就会多一些，他也会在很多时候表现出更有骨气的样子。我认为，这同他时常外出、身体经常活动不无关系。而那些每天坐在办公室的软椅上一坐就是一天的人，不经常运动身体，体温就无法一直保持在微微发热却具有外向倾向的状态。所以我们时常觉得，做内勤、行政类工作的人往往细致有余，却极为缺少魄力。这同他们运动量偏少有很大关系。

所以，各位读者，如果你们时常想要让自己保持“powerful”的状态，不积极让身体动起来是不行的！

就我本人的经验来说，在同别人会面时，为了一直保持开心、略微强势的样子，我一般都会早点出门，特意绕远步行一段时间；或者比约定的时间提前约半个小时，在附近逛一逛，走一走，将身体的活力调动出来。适量的运动，不但不会让你看起来疲惫，反而会更能在同别人见面时，带着良好的精神状态同对方问好。对此，我非常有自信，觉得自己的做法是很有用的，因此，也推荐给大家。

“你啊，看起来真是没什么魄力！”

“你有没有觉得自己的性格中缺乏斗志？”

“最近不知为何，总感觉身体软软的，没有精神！”

或许会有人像上面那样评价过你，或者你也会偶尔感到自己体内的懈怠感。我想，这是不是由于你太久没有运动你的身体了？因为太久没有来自运动的刺激，你的身体便将你的性格模式自动转换了。每天活动的范围仅限于自己的家和办公室，并且一坐就是一天，那你还想怎么有精神、有活力？

这是现代人的通病——不重视运动。这无疑是你怀疑自己不够健康的一大原因。为了塑造自己的性格，现在就动起来吧！

希望你们都可以，在积极且合理的运动中，发掘自我，遇见必胜的自己。

正确答案：A

15 真诚的道歉是什么样的

以下两幅图分别描绘了两位正在道歉的男性。他们将重要客户订购的物品数量搞错，犯了不小的错误。插图中描绘的是他正在向客户道歉的场景。

请问，这两种不同的姿势，哪一种更容易博得客户的同情，赢得谅解呢？

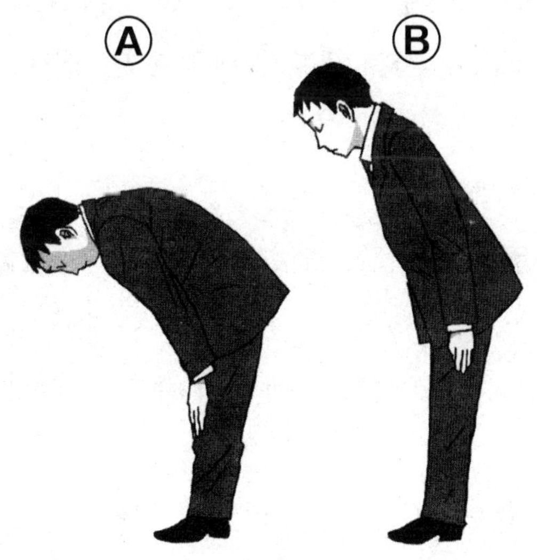

由于自己的疏忽，给对方添了麻烦，在商业活动的很多情况中，可以说是绝不能被原谅的事情。所以，无论如何，最好不要给自己在心理上留犯错误的余地，凡事谨慎，不给对方添麻烦。其具体表现就是严格遵守约定。即使因为特殊原因，不能按时履行，也绝不能浪费对方的时间和精力。

然而即便如此，我们在日常生活中，还是存在很多不能预料的情况，以至于给对方造成不便。麻烦造成之后，我们应该如何去应对呢？

不必赘言，赶紧低下头，发自内心地向对方道歉吧！

各位，既然决定真心道歉，不彻底带着“请对方原谅的心态”，是不行的。

“实在对不起！”

很多人常常这样说着，很快地低下头鞠个躬，就觉得自己是在真心实意地赔礼道歉了。这么做，尽管本人觉得“我已经很诚恳地说了对不起”，但实际上，对方或许并没有感受到你的真心和诚意。

其实，道歉的时候，完全可以做得“矫情”些，用略微夸张些的方式也未尝不可。因为，看到你战战兢兢的样子，对方也会被你带动，变得不知所措的。

或者他们会带着惊讶的心情，对你说“啊，别……某某先生，不必这样的！快把头抬起来……”

如果你真心实意地这样做，双方的误会很快就会消融。

在日本人的习惯里，道歉时，鞠躬是必不可少的动作。我在这里就以日本人为例来说明，为了表达诚意，道歉的时候，鞠躬弯腰的角度越大越好。所以，在这幅图里，图A表示的是正确答案。图B中的姿势并没有错，但是如果用于道歉的场合，则未免有失轻率，显得道歉方不够诚恳。

关于这方面的调查和实验，我可以援引华盛顿大学的威廉姆·波特博士的研究。波特博士试图了解和明确人们对对方不同道歉方式的接受程度。他将人道歉的方式分为“小型道歉形式”和“大型道歉形式”，然后研究人们在接受这两种道歉方式时的不同，看人们能在多大程度的道歉上才会原谅对方。

于是，他发现，在采取“大型道歉形式”的情况下，高达46.8%的被实验者表示接受道歉并会配合道歉者的进一步行为，而采取“小型道歉形式”的情况就不那么乐观了，只有36.4%的被实验者表示会接受道歉者的言辞并配合其行动。

当然，波特博士的实验并没有以鞠躬这个动作为基准，他研究的是道歉时的语言。道歉时，使用语言数量的多少会直接影响道歉的效果，如果道歉者尽量多地向被道歉者讲话，那么被原谅的概率就会越大。所以，在道歉时，尽量多说话，也是能够获得谅解的重要方法之一。

比如，比起只有一句“对不起”，还是“实在对不起，这件事，我真的感到很抱歉。我现在完全不知道该说什么，只是觉得自己太不好意思了。请您一定理解我后悔莫及的心情……实在对不起！”像这样尽量多说几句，虽然看起来啰唆一点，却能大大增加被对方理解和原谅的概率。

另外，道歉时，最明确地显示自己诚意的方式就是尽量低头。至于具体动作，虽然日本的行为方式同其他国家的不太一样，但其内涵是一致的。

在欧美国家，道歉时最常用的方式还是使用语言，即同对方对话。对我们来说，低头则富含了更多意味。为了能避免酿成更大的误会，各位职场人士对于如何道歉，一定要留心一下。并且，针对这个问题，比如怎样鞠躬、怎样道歉最合适，在一些日本公司内还会进行专门的培训。其重点不外乎是尽量深深地低头鞠躬，并且一旦低下头，就尽量保持动作在10秒以上。这样的训练在公司里很常见，因为在必要的时刻，一定会派上用场。

各位的实际情况可能会略有不同，但毫无疑问的是，掌握合适有效的道歉方式是商务合作中的重中之重，请读者朋友们在谨慎工作、避免失误的同时，也研究一下怎么说“对不起”，做到有备无患吧！

正确答案：A

16 怎样写出吸引人的文案

以下是两款关于伊豆旅行的海报设计草图，来自一个旅行社的海报印刷计划。请问，对于想要去伊豆旅行却还没有下定决心的客户来说，哪一款更具有吸引力，并能够引起顾客的参与热情呢?

（海报的文字分别：A为Surprise！伊豆！即充满惊喜的伊豆之旅；B为Welcome to伊豆！即欢迎您来到美丽的伊豆。）

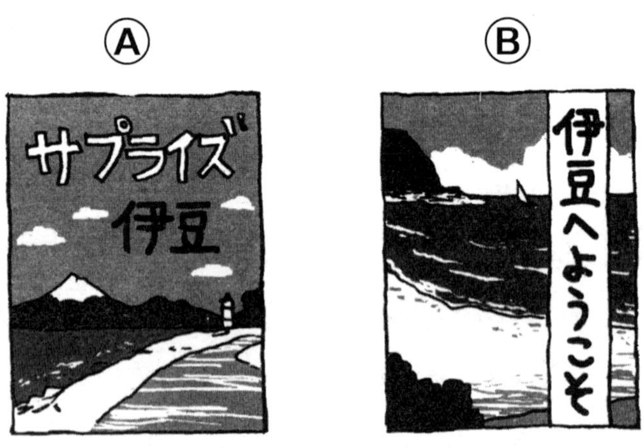

这两款海报都无一例外地突出了伊豆半岛最富有魅力的海岸，他们的背景都是以海岸线上的风景摄影照片为素材完成的。很多人想从背景着手进行分析，但比较一下这两幅图，虽然照片的视角多少有些不同，整体来看二者并没有太大的差异。

再仔细看一下，有差异的，是这两款海报中的文字。

请出声阅读一下这两句话，感受一下不一样的地方。图A中，“Surprise！伊豆！”——“surprise”中的“rise”同“伊豆”在日文中的发音是完全一样的！说明其用心运用了“押韵”这一手法；而图B中的这句“Welcome to 伊豆！”没有押韵，仅仅是一句普通的宣传用语。

“这款海报的广告语真是出其不意呀！”

一定有读者朋友在阅读时，已经在这样想了，你们的触觉可真是敏锐。所以，这幅图才是正确答案。不知道理由也没关系，但可以确定的是，押韵的文章让人读起来总是不一样的，不是吗？有韵脚的文字带给读者的心理冲击，同普通的文本的确是有很大差别的。

宾夕法尼亚州州立大学有一位马修·马古龙博士曾做过类似

的实验。他寻找了120名愿意参与实验的大学生，并为他们准备了两种文章，一种是含有韵脚的，另一种是不含有韵脚的普通文章，让这些学生进行正常阅读。当然，为了更有客观性，这些文章的内容都是一样的。

举个例子，含有韵脚的文章中，有这样一句话："Life is strife"（人生即是战斗）；相对地，在没有韵脚的文章中，这句话被表述为："Life is struggle"。之后，他要求读过文章的学生们描述并评价这些文章。

结果，学生们对于含有韵脚的文章，无一例外地给出了认为其"容易使人喜欢"、"便于理解"以及"更容易记住"等较高的评价，并且相同的内容，学生们更容易记住含有韵脚的文章中的表述，对包含韵脚的文章表达信息的记忆量也明显多于普通文章。

前几日，我正在街边散步，看到了这样一幅广告："漫步日光里，我心多欢喜"（原文为含有日文韵脚的"日光を、歩こう"）。这也是巧妙运用了韵脚的现象，读来朗朗上口，容易对其留下深刻的印象。

虽然某些押韵的广告词容易陷入像搞笑台词、即兴文字笑话等类似怪圈而引起大家的反感，但从整体来讲，有韵脚的广告词给人的印象要大大好过白话。制作广告时，有一些让人有可能觉得“有点儿像废话”的句子，也不妨构思成带韵脚的话语更好些。

今天的问题，是选取了广告里的韵文作为例子来说明。在实际操作中，不论是企业的新企划案、公开发表的报告，或是重要题目、标题等，也不妨多动动脑子，在选择合适的韵文上多留些心思。

当然，有些场合，当事人会怀疑选取了韵文或打油诗形式的作者是不是在认真对待手中的项目。这种情况的确存在，但基本上也是个案，就我们的经验来说，大部分时候，人们都更喜欢押韵的标题、主旨或口号。

比起干巴巴、让人昏昏欲睡的标题，还是充满幽默感的文字更让人眼前一亮；假若你要讲的内容本身就无趣得很，何不在标题或广告语上下下功夫，博人一乐呢？

让人更能记住你的新产品、新计划的第一步，就是为其构思一句响亮、押韵的宣传语，赶紧让大脑里沉睡的文采醒过来吧！

正确答案：A

想说什么，恐怕很多读者也已经猜到了。

如果从科学的角度来解释，我们可以援引犹他大学保罗·班翰德这位心理学研究者的理论。为了验证看比赛对人们正常生活的影响程度，他曾经聚集起许多男性球迷，为他们播放世界杯比赛。然后，收集并分析了这些男性球迷在比赛开始前和比赛结束后的唾液。

于是，从支持的球队取得胜利的球迷的唾液状况中，他发现，其睾丸激素（一种能带动身体活动、引发高亢情绪的激素）的分泌存在明显增多的现象，并且这种亢奋会持续相当长一段时间；而实验结果同时也显示，支持的球队输了的球迷的唾液内，非但没有检测到这种增多状况，还有比看比赛前减少的趋势。

我的父亲便十分喜爱职业棒球联赛中的夜场比赛。在他喜爱的队伍获胜之后，他总是异常激动和欣喜。我在他身边，也强烈地感受到了他的情绪。喜爱的球队赢了之后，父亲甚至会在房间里高兴得跳起来，来回旋转。同时，父亲在喜爱的球队输掉比赛后也会情绪无比低落。那时，还处于孩提时代的我，由于不能充分理解父亲的心情，曾对他的神态感到非常惊讶。

成年之后，我在观看篮球、足球比赛，特别是看到奥运会上那些日本选手获胜的时候，也会无一例外地跳起来，在房间里欢呼雀跃，心中充满了激动与狂喜。这样的心情，也自然地被我带到了第二天的工作中，使我能信心百倍，高效率地开始一天的生活。

那么，总感觉生活没有动力的朋友们，你们有自己喜爱的体育运动吗？有自己支持的球队或体育明星吗？找到这样一个兴奋点，并关注他们的比赛吧！支持的球队获胜后，“哦耶！太棒啦！××队万岁！”像这样充满纯粹喜悦的心情，你不想拥有吗？这样的心情，一定会为你增加不少前进的动力。

当然，喜爱的球队也会有落败的时候。为了不影响自己的工作，观看比赛还是适度为好。并且，我们在这里推荐各位观看体育比赛，找到自己喜爱的球队和明星，也是以调节自己的心情为主要目的，并不是让大家放弃自己原来的生活轨迹，无原则地投入到体育迷的世界中。因为，如果你支持的球队太过弱小，比赛结果总不尽如人意的话，估计作为观众的你看比赛时也担心得够呛吧！这样，非但没有增加兴高采烈的机会，反而会有更多时候“被低落”了。

正确答案：A

18 如何才能不暴露喜好

下列这两幅插图分别描绘了陪同公司老客户消遣的不同场景。A是在陪同客户吃饭，却遇到了自己非常不喜欢的食物；B是自己被迫陪同客户打高尔夫球，可自己却并不擅长，而且也不喜欢。那么，在A的吃饭场景和B的运动场景中，谁会最先暴露自己“并不十分享受这一过程”的心情呢？

“金无足赤，人无完人”，我们每个人都有不擅长或是讨厌的领域。但是，我们得承认，既然是为了工作，就有必要隐藏起自己的好恶，必要时，还需要迎合对方的兴趣。

这便是所谓的“社交艺术”吧！

我本人便十分讨厌聚会、宴会这样的活动或类似的场所，一旦被迫要去参加宴会，便比任何人都感到焦躁。这样的场合，人多口杂，声色犬马，根本不能结交到真心的朋友。但同时我又充满自信地认为，目前为止，还没有任何人发现我身上不喜欢宴会这个特点。

设问中要求我们找出无法适当隐瞒自己对所从事的活动“不擅长、也不喜欢”的一位职员来。所以，我们需要考虑，在图A和图B中，哪一位男士会比较容易暴露自己的不悦。这个时候，设想一下“如果是我，在那种场合之下……”，应该就能推断出来了。

读者朋友们，你们来做一下判断，吃到自己不喜欢的食物，还要装出一副“很美味、很享受”的样子，和在体育场上装出一副很享受的样子来进行自己不喜欢的体育运动，哪一种更令你们难以忍受呢？

这个时候，我们需要设身处地地好好思考了。我相信，大部分人的答案应该都是被迫吃自己不喜欢、难以下咽的食物更令人难受吧？

因为绝大部分人对于那些来自外界的、从生理上产生的直接感受，是不擅长隐瞒的。

比如讨厌萝卜的人，哪怕仅仅是看萝卜一眼，就会产生十分不爽的感觉，在不经意间就会皱起眉头，闻到让人不舒服的气味，一般来说，人无法若无其事地隐藏自己类似的感觉。

罗巴特·库拉乌特博士来自康奈尔大学，他在自己的实验里，分析了不同人闻到不同味道后的表情，很有意思。至于味道的分类，他选取了类似君子兰、鹿蹄草（北美杜鹃花科）之类具有清香味道的花草，以及吡啶等带有臭味的化学物质，分别让被测者去闻，然后观察他们的神情。

同时，这些被测者被要求“尽量装出若无其事”的样子。

但是，实验结果表明，闻到后者，即令人引起不愉快感觉的味道的人们，根本无法装作像什么都没闻到的样子，他们无一例外地表现出了或多或少令人厌恶的神情。

同理，有很多不喜欢吃寿司的人，在接待客户时，如果见到寿司，脸上立刻就会显现出厌恶的表情。就更别提让这些人装出好吃的样子来享受寿司了。逼迫自己吃下几十年都不喜欢吃的食物，其感觉无异于“严刑拷打”。

像我自己，由于年龄的关系，很多年都没有吃肉类、油炸类的食物，并且肠胃也已经变得无法消化它们了。可是，同别人一起吃饭的时候，是不能够随便说自己喜欢吃什么，讨厌吃什么的，只能装出很喜欢吃的样子，拼命往嘴里塞。难道这便是被称之为“演戏”的场面吗？背后其实是非常痛苦的。

这样说来，不喜欢运动的人，如果不得不展示出自己很喜欢的样子，也应该会比饭局这种场合容易一些吧？挥一挥球杆，忍一忍，可能就会过去了。

从以上的切身感受和科学分析来看，还是“必须忍受自己不喜欢吃的食物”这一项，更令人在精神上难以伪装。正确答案是A。

这道题目也提示我们，遇到类似场合时，多思考一些“自己的感受是什么？”“这样的场合，换作自己，会怎么样？”这样的问题。如果既能从真实感受出发，又能考虑到对方的真正需求，那做出的决定，也一定会是双方都喜欢的。希望大家在日常生活和工作中都能做一个有心人，通过细致的安排和了解，缓解对方难以启齿的紧张心情。

正确答案：A

19 如何获得别人的关照

下列两图中是两位正要去进行商务谈判的女士。其中一位十分亲切可爱，另一位则腿脚不幸受了伤，行动略有不便。请问，更容易得到对方关照的，是哪一位女士呢？

此题不必大费周折，我想各位稍微考虑一下，就可以做出正确的选择。在我们的印象里，越是“弱者”，越容易得到大家的支持和帮助。比如在电车上，大家会主动给年迈者和孕妇们让座，得了病或受了伤的人，也会优先得到来自外界的照顾。排在后面的，则是女性和孩子。

从这个角度来说，看了上面的插图，我们就会觉得，图B的女士能够得到更多人的关心和照顾了。这个推断完全没有问题。可以预料，即使是严肃的商业谈判，对方也会多少对于这样的对手心存一丝关怀之心，即使谈判不成功，对方也一定不会使用一般谈判中冷漠无情的字眼儿；即使拒绝，也一定会用比较委婉的语气，不会让人感到不舒服的。

我们都会有类似心理，对于弱者，往往无意识地怀有关怀和照顾的倾向。

现在，把宾夕法尼亚大学的阿宾格·皮拉宾博士的古典实验介绍给大家。

在实验中，皮拉宾博士雇用了一位男士，要求其在飞驰于纽约第八大街的急行电车内突然晕倒，以此来观察和推测周围目睹此情此景的人们会不会帮助他，如果帮助他，会有多大程度的帮助。

只是在实验时，他设计了两个不同的场景。一个场景是这位晕倒的男子手持黑色手杖作虚弱状，另一个场景是晕倒的男子手里拿着酒瓶作醉倒状。男子身着的服装都是相同的上衣和运动裤，区别只是在于手里所持物品是不同的。

于是，区别出现了。该男子手持黑色手杖的时候，给人的感觉非常像一位虚弱的病人；而手持酒瓶的话，则给人一种酒鬼醉酒的印象。他手持手杖晕倒时，得到了旁人更多的援助。

大家对于病人会有更多的关怀，这便很好地证明了人倾向于弱者的心理。

喝醉了酒，即使虚弱地倒在车里，恐怕也只会被人认为是“自作自受”，这位表演者，只是拿了一个手杖来做暗示，就收到了如此相反的效果。人心微妙之处可想而知。

虽然博士的这个方法有点儿狡猾，但的确折射了人内心的实际想法。有人在看过这个实验后，说不定还会发出“想占便宜，就装病呗”的感受。的确，表现得柔弱一点，可能会获得很多额外的保护，而不是像这位“酒鬼”，非但得不到帮助，还受到他人的鄙视。

面对处于困境的人，依然过河拆桥、落井下石的“冷血动物”，恐怕只占极少数。大多数的人还是非常善良的。只要看到虚弱的、遇到困难的人，大家都会主动伸出援手。

如果不幸受了伤，原来的你，可能会这么想：

“真是烦人呢！”

“会耽误好多事情吧！”

但反过来一看，这说不定是另一种意义上的幸运呢？周围的人都会亲切地帮助你、关心你，遇到困难，会比以往更主动地分担。这个时候，受伤也是种幸福了。

或许平日里，因为工作繁忙，朋友之间、同事之间的关怀并不十分明显，但各位请千万不要认为这个社会就已经情感淡漠、人走茶凉了。一旦你遇到受伤、生病的情况，或是偶尔遇到困难的时刻，周围的朋友们一定会鼎力相助的。请好好珍惜这不常出现却一直存在于人内心深处的善意吧！

正确答案：B

20 “缺德事”都是谁干的

图中描绘的这两位男士，是在同一家公司工作的同事。从插图中，我们看到有一位在哈哈大笑，有一位则表现出略微不屑的神情。请问，这两个员工之间，谁更有可能私占属于公司的财产呢？

希望大家仔细观察一下插图B中人物的神色。这位男士，神情平静，显示出一丝睿智，还有一些阴暗，想必其性格一定不会十分开朗。侵吞、私占公共财物这样的行为，在公司的确偶有发生，虽然并不是十分严重的犯罪，却比大的错误更令人为难。于图B中这样性格的员工身上，是很有可能发生类似行为的。

而图A的男士，神色充满自信，洋溢着一种堂堂正正的感觉，说明其性格开朗、不拘小节。这样的员工，不轻易犯小错误，小毛病也会很少，但在工作中如果疏忽，酿成的就可能是大错。比如会出其不意把公司业务转给别人，或是独占个几十亿日元的财产，等等。

比较图A和图B中的两位男士的表情和态度，就可以发现，图B中的这位职员更有可能是时不时占点小便宜的“小恶党”类型。

一般来说，没有自信的人，通常会偶尔做点小小的缺德事。

圣地亚哥州州立大学的理查德·古拉夫博士，曾召集约90名大学生做过一个心理实验，测定他们的自信程度。在实验结果出来之前，他们被要求在旁边的房间等候实验结果。在等候的房间里，不知是谁，不慎掉落了一张一美元纸币（当然，这是古拉夫博士特意安排的情节），古拉夫博士在暗处偷偷观察，看谁会对那张纸币感兴趣，并有可能趁人不备，偷偷将其捡起来据为己有。

结果显示，被测者自信的程度，同偷偷藏起一美元纸币的行为中，存在不小的关联度，其具体信息如下图所示。

自信程度		
低	中	高
40.0% 12 人 /30 人	17.2% 5 人 /29 人	13.2% 4 人 /29 人

对自己缺乏自信的人，比较容易出现占小便宜的现象

从这样的实验结果，我们很容易知道，自信心缺乏的人，很有可能做出一些无伤大雅的坏事；而充满自信的人，则不会去做。

拥有自信的人，会认为随手拿公司财物、占小便宜等行为是“非常无聊的事情，如果自己做了就会产生罪恶感，并且会影响他人对自己人格的评价。这太不值得，还是不要做为好”。有自信的人通常会对自己评价比较高，也重视周围的评价。他们不愿意因为鸡毛蒜皮的小事而被人认为是爱占小便宜的人。

从这样的观点展开分析的话，我们可以联想到日本偶尔会出现一些性格孤僻的孩子在商场等公共场所偷盗的现象。这些孩子在心理上存在着共性，就是大都自尊心很低，内心严重缺乏自信，他们普遍对自身心存不同程度的厌恶，认为自己是被遗忘的群体。因此，这些孩子对自己要求便很低，即使做了些坏事，也能轻易地原谅自己。而相对来说，在拥有自信，对自己承认度很高的人的类型中，就很少有人能原谅自己做出鸡鸣狗盗的行为，因为这些人对自己的认同度较高，不认为自己是可能做出坏事的人，要求也就相对较严格。

性格不够开朗的人，会时常做出一些无伤大雅的坏事，这是普遍存在的心理学现象。比如，遇到自己十分讨厌的同事，他们有可能通过藏起他们日常用品的方式，借机报复；或是在网络上小范围散播一下不合拍的上司的不敬言论，谋划个“教训上司计划”来吐吐槽什么的。一般开朗自信的人，即使有意见，也不会这么做。缺乏自信所带来的恶果可见一斑。

朋友们，如果你们想成为真正被人称作“大气”的人，首先就要认可自己、喜欢自己，认为自己是一个具有较高素养的人——“这种事，换作我，是绝对不会做的！”我们要培养出这样的心理。

只有积极树立自信心，相信自己，才能提高对自己的要求，不会做出像本题题干中出现的不登大雅之堂的行为。

正确答案：B

21 聪明人如何安排工作

下面的插图是截取了职场中两位女士的办公桌，桌上都非常整洁干净，令人赏心悦目。但仍然请读者朋友们推断一下，能让人带着高涨的热情，高效率地展开工作的场景，是哪一个？

初看这个问题，可能不好判断，因为两张桌子上的布置是大致相同的，绿植、钟表、文具等都没有太大的区别。

不一样的地方，在窗外。

窗外的景色显示，图A是在上午，而图B的时段已到黄昏。请大家回想一下自己在这两个时段的工作状态。

这个问题，最终重点落脚于你一天的工作周期问题。每天朝九晚五的上班族们，是在早上的时段工作效率最高，还是午后直到下班之前呢？

各位读者应该也有了自己的判断，因为自己每天的工作状态，自己是最清楚不过的了。一般来说，人都是在上午时段最有活力，因而，公司里通常处理事情效率最高、效果最好的时间往往是上午，如有可能，重要会议和会见也一般安排在上午。如果再细分一下，应该是清晨到上午十点前这段时间，如果有重要的工作，请安排在这一时段内尽量完成。从人身体的状况来看，早晨是头脑清楚、身体复苏并充满活力的时候。

“可我的情况是到了晚上反而精神呀？并且一直是这样的。”

有的读者可能会提出，自己是夜猫子型的，到了晚上工作效率反而比较高。的确，不可否认，每个人的兴奋周期和时间都是不一样的；但据我观察，大部分晚上效率高的白领阶层，造成其如此作息的根源，反而是在开始阶段的熬夜等不规律作息造成的，晚上熬夜，到第二天的下午，身体就会有明显的困倦反应，这样的经历很多人都有过吧！如果我们把上午的工作效率基准值设为100，据统计，大部分人下午的效率最多只能达到70 ~ 80。

在剑桥大学的应用心理研究所，布莱克博士设计了一个有关一天内人的兴奋和疲倦周期的实验，现在介绍给大家。他在一天中采取了几个时间点来监测，分别是上午八点、上午十点半、下午一点、下午三点以及晚上九点。他在这些不同的时间段内观察并统计人的工作效率的变化。

至于具体的工作，布莱克博士选取了这样几种具有代表性的事情：数学上的加法运算、卡片分类、文字校对，以及打鼹鼠这个需要条件反射的小游戏，等等。

测试结果是这样的，尽管根据工作内容的不同，每个时段的效率会有轻微的差别，但各种工作的测试结果均显示，早上十点半前这个时段，效率最高。

果然，人们还是在早上最能鼓足干劲投入到工作中去！

因此，此题的答案应选择A。

很简单，是不是？

我也是如此。根据这样的科学实验，我开始逐渐调整自己的生活。在制定每天的日程时，会经常把大量重要的工作排在上午，而下午基本不安排需要做重要决定的事务或是重要会见。说到原因，不外乎希望能用最短的时间、最好的精力去处理好重要性最高的事情；事实证明，这也的确奏效。上午时，我不时提醒自己，要在精力最充沛的时候，尽量多做些事情。

当然，事实上，更多情况下，我们的工作一般是上午做一半，下午做一半，并且大部分人都默认这是正常的。但在心理学上，这并不是最为合理的分配方式。从最能保证工作效率的角度来讲，如有可能，建议大家，上午尽量安排处理掉约70%的事务，余下的30%，放到下午，慢慢地、从容地去完成，不要同自己的困倦与疲惫较劲。

如果上午你能完成所有的工作，那真是太棒了！下午的心情一定十分舒畅，可以充分利用起来，比如了解一下下一步的工作，做好准备，或是充充电、看看书，上午如有不能解决的问题，到下班之前也应被处理掉。有些职场人士，总是在不经意间把上午的时间浪费掉，然后下午开始慌慌张张地处理事务，遇到突发状况，就很可能要“被加班”了，看起来似乎很忙、很充实，却实在不算是可取的方式。

况且，早睡早起，还是益寿延年的好方法呢！

正确答案：A

22 迷人的报告是怎样的

下面两幅插图的主画面是从这位职员汇报用的演示文稿中截取的，均是含有图表的一页，图A中有一位男士正在向听众做汇报。请问，这两幅图描绘的场景中，哪一种汇报方式更有效果呢？

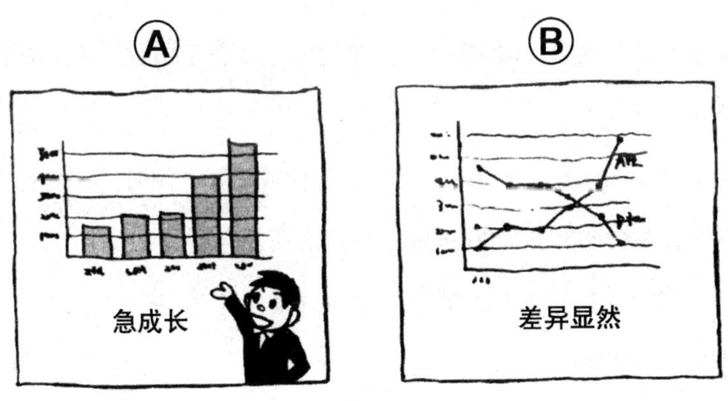

两份资料都用了图表的方式来表述现象。图A用了柱形图，图B用了曲线图，像这样的图表，从观众的角度来讲，单纯看演示文稿的话，这两幅图的效果并没有明显区别。而且，使用图表和关键词是让对方印象深刻的有效方式，比如A中我们看到了“急速上升”，而B中使用了“差别明显”这样的词语，来简单描述图表现象，一目了然，值得我们学习。因此，在演示文稿本身上，两者难分伯仲。

这道题，显然不是在图表本身上着手分析。

两幅图唯一的区别是，图A中特意安排了一位正式的演讲者来解说演示文稿。请注意，这一点是造成两份汇报效果不同的关键因素。

当某一场景中出现了一位叙述主体或表现主体时，我们的注意力往往会被吸引到动态的叙述者或表现者身上去。

比如，我们在看到带有人像的风景照片时，会比较注意人呢？还是风景呢？

大部分的人在看到类似照片时，即使画面上风景是主要想突出的部分，我们的注意力还是会离开那些湖光山色、高山峻岭，转而被吸引到照片里的人像上去。

再者，我们可以回想一下总是用美女做主角的汽车广告。在这些广告里，恐怕大部分人注意到的都不是里面的汽车吧？路过他们的时候，视线总会不自觉地被吸引过去，并且，不仅仅是男性，女性也会主动多看几眼的。

比起物体，我们更容易被人的存在所吸引。

意大利杜伦大学的心理学研究者普莱西·瓦特森教授所做的实验，就是针对这样的现象。他收集了两类照片，一类是带有人像的，一类是不带有人像的庭院及室内照片。然后他让受测者自由观看这些照片。

结果显示，主动选择观看有人像的照片的被测者比例高达58.9%，而选择欣赏不带人像的被测者的比例仅有35.7%，看来结论并不难归纳：如果照片上没有人像，相当一部分人会选择放弃观看这些照片。

这个结果跟我们的感受大致吻合。我们出去旅行的时候，往往会拍摄许多纯风景的图片回来。但回家后一看照片，又仿佛失去了原本旅行中的乐趣，因为这些照片，即使拍得非常好，也看起来索然无味，因为照片中并没有作为主角的人的存在。渐渐地就不再有想看的冲动。所以，还是照片里有人像的，看起来更有趣些，也更能让旅行者印象深刻。

这便是人们更容易被“人物”吸引的原理。由此出发，我们可以思考，在制作汇报材料或演示文稿的时候，如果能尽可能多地使用有人像的图片，或适当在汇报过程中加入叙述和表演的主体，效果一定会更好，我们想要传达的重要信息，通过人的叙述，一定会更加使人印象深刻。同时，在汇报时主动提出增添演讲者，也会使人的注意力全部转移到演讲者本人身上，当听众们充分调动起听觉的时候，思路就会变得更活跃。如果演讲者具有感染力，整个会议就会超出预想的效果。

图A的情况就是这样，在两种演示文稿的水平都差不多的时候，图A的汇报者使用了一位男性演讲者来讲解材料，这样做的意图，便是希望听众的目光能被转移到演讲者身上，从而增加汇报效果。

所以，这道题的正确答案是A。

如果要总结一下怎样向上级汇报更简练、更有效，第一招就是要好好雕琢我们的汇报文字，比如多用图片和图表，争取做到一目了然。全是文字或图表的材料要坚决避免，不然听众们一定会早早地就厌烦了你的叙述。

这第二招，就是要让自己代替材料，成为汇报的主角，让听众的注意力集中在你身上，就不怕漏掉汇报的重点了。在听众略显疲惫的时候，还可以及时调整气氛，帮助大家整理思路，回到会议正题上来。

正确答案：A

23 我会更喜欢谁

向诸位读者啰唆一下，我叫内藤谊人，假设这里有两张递给我的名片，分别是图A和图B的“山崎贤治”和“内海良人”。这两个人我都未曾谋面，他们递给我名片的时候，就是我们的第一次见面。请问，我会同其中的哪一位关系更要好一些呢?

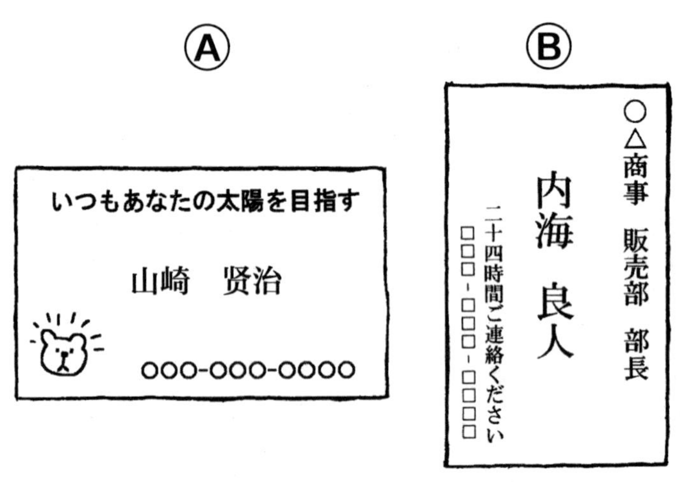

如果没有见过面，或者只见过一次面，就以此来推断自己跟这个人是否合得来，的确困难了些。

但是如果仔细观察来访者的名字呢？读者朋友们，你会对姓名有特殊的好恶感觉吗？

猛然一看图A和图B上的名片就会发现，名片B上的“内海良人”跟我的名字“内藤谊人”，在字面上非常相似。在这种情况下，如果两者名字相似度比较高，或者对方的名字你比较喜欢，我们就会无意识地对这个人产生亲切感。

美国心理学研究者乔·约翰斯博士调查了佛罗里达州的公安机关里保存的结婚登记记录，共3079个名字，以及乔治亚洲的结婚登记记录，共11455个名字。他收集了这些夫妇的名字，对其逐一展开分类调查。

结果是这样的：这些夫妇的名字相似程度比约翰斯博士预想中要高得多，无论是姓还是名，他表示十分惊讶。举个例子，如果丈夫叫“安德鲁”，那么妻子十有八九是要叫类似于“安吉里卡”之类的名字，并且，像这样的例子还不胜枚举。

约翰斯博士总结说，统计数据显示，在姓名上相似度高的两

“嗯，也不知道为什么，就觉得应该很合得来……”

“这人，一听名字就不喜欢……”

我们常听人在用上述语气评价刚认识的人。个中缘由，很大一部分原因要归结到我们对他人姓名的好恶上。

当然，话说回来，这只是一种很有意思，并且确实存在的心理现象；千万别单单因为名字，就丧失了你的重要客户啊！

正确答案：B

24 谁会成为你的朋友

这幅图描绘了在公司里为两个过生日的员工开办小型庆祝会的欢乐场景。其中，对于中间的这位寿星来说，是左边这位一起过生日的朋友更容易亲近，还是右边这位大声为他们唱生日歌的朋友更平易近人呢？

各位读者，你们有没有曾经遇到过同自己生日在同一天的人呢？

当听到类似于“我们的生日在同一天”、“我俩是一个星座的”、“我们在某某方面非常相似”等类似话语时，我们的第一反应就是觉得眼前这个人同自己的距离一下子拉近了。“同年同月同日生，这概率实在太小了！”你们两个一定觉得，这么有缘早就应该认识了——还有比这样的心理暗示更有作用的人际关系催化剂吗？

或者，你偶然同某位明星艺人生在同一天，那你必定会爱屋及乌，从发现你们同一天出生开始，就密切关注他们的动向了吧！

顺便多说一句，我的生日是6月12日，在明星艺人的圈子里，似乎同释由美子一天的。所以，我也开始不由自主地关注并喜欢她。最近又发现，泽口靖子和新垣结衣似乎是6月11日出生，我感叹道“生日离得好近呀”，于是又开始关注这两位女明星了。看来生日在同一天或是前后相似的几天这件事，最容易引发人对“缘分”的感慨，让人觉得是“不可思议的重合与一致”，必须要珍惜这段缘分，然后就不由自主地想要拉近同对方的距离。

巴哈博士的研究不仅仅限于生日的重合，他还做了关于指纹匹配方面的实验。由于篇幅有限，我们就不一一赘述了。在这些实验中，我们都能够看到“类似性法则”的影子。

这样的现象，其实带给我们很多启示。在人际关系的处理过程中，想迅速同对方找到话题、拉近距离，就可以使用“类似性法则”，尽量寻找同对方相同或相似的地方，以此为基准对其进行强调并展开话题，不失为扩大交际圈的有力战术。

正确答案：A

25 最会说话的人

在下面的插图中，中间这位女性因为业绩突出，受到了公司的表彰。在她旁边站着两位女同事，图A的这位女性正在向她表示祝贺，而图B的这位女性却表现冷漠。请问，在职场心理上，哪一位女性的心理更加健康正常一些呢？

此设问非常简单，即使读者朋友们不知道从心理学角度上应该怎样分析，也会毫不犹豫地选择图A中的这位小姐吧!

图A中的这位女性，对于“他人的成就”表现出了如同自己也一样受到表彰的喜悦。像她这样，能够由衷地把身边朋友的成绩看作是自己的成绩一样感到喜悦，的确是心理状态十分健康的表现。

当看到他人取得了不错的成绩，或是一帆风顺时，像图B中的这位小姐，表现出不屑、嫉妒甚至愤恨的表情，这样的人心理状态是非常不正常的。嫉妒心比较重的人，一般性格上也比较急躁，容易不安，怀疑心也较重，他们的人生，一般也非常不愉快。

南卫理公会大学的马伊格尔·马克罗博士曾有过这样的分析，过分嫉妒与羡慕他人的生活，容易危害到自己的健康。容易对他人取得的成绩表现出强烈的羡慕与嫉妒的人，其失眠和受到压力影响的概率要比一般人高出很多。

朋友们，看到他人取得优异的成绩的时候，我们也一起真心祝贺他们，分享喜悦吧!

“哇，你真是太棒了！干得不错嘛！”

像这样，开心分享，真心鼓掌，在祝贺了别人的同时，自己的心态也会变得开放、包容、健康起来的。

当你真正学会不仅为自己的幸福，也为他人的幸福感到喜悦的时候，你的幸福感就会两倍乃至三倍地增加，每天也会过得更有动力、更加开心。

当别人做得不错的时候，不假思索地表示祝贺吧！

不过，我们周围还是有一些人，看到周围的人顺风顺水时，掩饰不住自己的嫉妒。

“什么嘛，看那家伙的样子，真让人窝火！”

“什么，竟然是他！他这是打算怎么着呢？”

暂且不管你为什么生气，可这样的状态严重地破坏了你的心情，百害而无一利。对方的成绩显而易见，无法改变，你依旧这样焦躁不安，无异于害苦了自己，还什么都得不到。

正如俗语所说的“害人如害己”，作为同事或朋友，嫉妒或中伤他人，就等于也伤害了自己，特别是当这样的负面言论传到了第三者的耳中，你的形象可就彻底不保了，千万要注意。

况且，别人取得成绩时衷心地表示祝贺；反过来，在你自己取得成绩时，别人也一定会衷心向你道贺的。长此以往，同事们之间就会建立起稳固且和谐的人际关系。

比如，比自己年轻的部下工作受到表彰时，比起人后无奈地感慨“长江后浪推前浪”，倒不如放松心情，大声向部下表达：“小伙子太棒了！作为前辈自愧不如，真的非常佩服！”

比起心酸嫉妒，这样做，不是帅气很多吗？这样的上司，一定会更受部下尊敬的。

每个人都不可能永远是舞台的中心，我们不可能掌握所有的知识和技术，后起之秀超过现在的我们也是定局。当别人成为主角时，如何欣赏，如何做好一个观众，是一门需要好好思考的艺术。

试试看吧，从今天起开始衷心地赞美别人吧！

正确答案：A

26 参与感的强大魔力

下面这幅图表现了公司内部开会的场景。在这几位参会者之间，会议结束后，心情不愉快地退出会场的，会是哪一位员工呢？

当很多人聚集在一起谈话或聊天的时候，成为话题中心的人，或发言最多的人，往往能让人感受到一些“英雄范儿”，成为其他成员瞩目的中心。

自由表达观点，挥斥方遒，的确是件让人感觉不错的事情。但反过来，大家一起带着热情讨论问题，气氛就会非常高涨。若只有你一个人喋喋不休，又不注意身边人的感受，久而久之，无意间就会逐渐被大家孤立。

插图里，图A的男士一直在发言，周围三位同事在看着他。所以，图A中这位男士，在公共场合或会议中，往往是成为具有“英雄范儿”的那个类型。

而图B中这位男士，好像是被排挤在谈论之外，抱着“重在参与”的心态，板着脸，一言不发。插图的信息明显表明，图A中的男士非常享受，处于“快乐”的状态；而图B中的男士，大概是被图A中的男士抢了风头，处于“不快”的状态。

基辅林格·威廉姆斯博士来自澳大利亚的新南威尔士大学，他做了这样一个实验。他将1500名接受实验者分为以3人为单位的若干小组，让他们在电脑上玩扔飞盘游戏。

但是，每个3人小组里，有两个人是被安排有特殊任务的。这两个人在玩游戏的过程中，在不同的组别里有不同的表现。他们要么主动、频繁地将飞盘传给第三个人，要么传飞盘的次数一般或很少，要么完全不传给第三个人。

实验结果表明，在那些被频繁传接飞盘的组别里，被测者非常开心、享受地参与整个游戏的过程；而在那些很少被传到飞盘的小组里，被测者心理上显示出了一定的不满情绪；不满情绪最强烈的，是那些一次都没有被传到飞盘的被测者。他们感觉到自己被孤立了，心情非常不愉快。

在日常会议中也是一样，如果与会者一次发言的机会都没有得到，就像这个游戏中一次也没有被传到飞盘一样，与会者的心情就会跌落到谷底，感觉到自己不受重视，被孤立了。

“他为什么不让我表达一下自己的意见呢？”

与会者会反复思考“为什么不让自己发言”这个问题，对会议内容就漠不关心了。

除了疑惑，更多的是愤懑。恐怕没有人会觉得被孤立也很开心吧！

所以，在举行会议的时候，作为主持会议或统领全局的人，一定要兼顾到与会的每一个人，尽量让大家都得到公开发言、平等表达的机会。只让某个特定的人表达意见，别人都不得不沉默的话，气氛一定会很沉闷。这个时候，为了打破僵局，要善用“某某君，对于这件事，你觉得怎么样？”“其他人的意见如何？请说出来大家一起讨论一下”等类似的句型来鼓励其他人主动发言。

参加会议的全体成员都充分发表意见，会让整个会议达到实质性效果；并且，在散会之后，大家的情绪还是很高涨，对最新决议的执行力也会越高。从心理学角度上讲，只有当每个人都觉得新决定有自己的意见参与其中时，执行时才会真正卖力。同理，对于主持会议的人来说，让每一个人都觉得自己有“英雄范儿”，是最好不过了。

时刻牢记，众人拾柴火焰高，你们是一个团队。

正确答案：B

27 最佳决策是怎样做出来的

你在一家制作陶器的小店里，看到这样两个马克杯，它们的外形设计都差不多。那么，请从图中推断，对于年轻人来说，这两件产品相比，哪一件会更让他们感到有十足的“现代性”和“时髦感”呢？

如果将这个问题理解为“年轻人的喜好”，就难于做出解答。图A和图B中这两种马克杯的设计各有千秋，如果单纯从主观上评论谁好谁坏，恐怕没有那么容易选出正确答案。

这个问题显得有点“诡计多端”，其实问题的焦点不在马克杯上，在于放杯子的陈列台。如果不将其纳入分析范围，这道题将很难解答。

评价某一种商品时，不要只看商品的好坏，要将其周围的状况一并纳入考虑范围来分析，从整体上确定自己的判断。

比如，我们以价值100万日元的钻石为例说明。

如果这枚钻石不幸被放到了一张廉价的塑料桌子上，事情会怎么样？大部分人会不会只认为它是一枚只有100日元的玻璃做成的仿钻石呢？原因何在？这个时候，决定这枚钻石价值的，竟然是那张廉价的塑料桌子——人们在观察产品时，会不由自主地将其周围的状况合并起来考虑，虽然表面上，大家并不会这么认为。

反过来，如果是一枚只有100日元的仿钻石，我们把它放在高级玻璃展台上，下面铺上纯黑色的高级天鹅绒，再从上方设计合适的柔光照明。这个时候，谁还会思考这枚仿钻石的真实价值呢？恐怕见到它的所有人，都会以为这是一枚非常高级的钻石。

其实，有一位心理学家，已经做过了同本题题目非常相似的实验。

加拿大英属哥伦比亚大学的路易·裘博士曾向47名大学生展开过关于对马克杯评价的调查。调查题目是“你对马上要开张的杂货铺中所陈列产品的评价”。

首先，裘博士将马克杯放在玻璃制的展台上，让学生们对其进行价值和外形等方面的评估。

结果，这种情况下，看到的大学生们纷纷使用“具有现代感”“非常时髦”等词句来评论此马克杯。

随后，博士将同一个马克杯放在木质桌子的展台上，让学生们评价。

结果在看到这样的布置后，大部分学生使用“看起来很亲切”“触感温暖”等词语来形容它。

但是，博士使用的，是同一个马克杯啊！

从这个实验结果我们可以知道，当这个陈列展台是类似于玻璃、金属等材料制成的时，一般会给人以崭新、现代之感；而相反，陈列展台是用木头制成的时候，会给人以温暖、亲切、令人怀念的感觉。

所以，设问中的答案应该是选择A项的。这算是个有难度的问题。不知大家有没有只专注于作为主角的马克杯，却失去了对其整体上的综合判断呢?

我们对事物价值做出评判时，很有必要将其周围的环境、布置和气氛也考虑进去。

简单谈谈这个问题带给我们的启示。产品周围的布置、摆设会极大地影响人们对其真正价值的判断。不仅产品，人也一样，评价一个人时，除了了解本人的履历，也会从其言谈举止、穿着打扮，甚至工作的环境、相处的朋友、常去的地方来综合判断。换句话说，你的周边，往往会隐形地决定你本人的价值。

朋友们，赶紧把杂乱的办公室收拾一下吧！不然，可能会有人说你做事不够有条理哦！

正确答案：A

28 人什么时候最谨慎

插图中描绘了两位要去拜访客户的公司职员。图中A笑眯眯的，非常亲切，但B却看起来有些紧张，一直绷着脸。请问，他们两个人中，谁更有可能对客户做出不慎的举动？

插图中的两位男士，表情真是有天壤之别。

图中A显得非常快乐，好像是发生了什么好事一样；相比之下，B好像是遇到了什么倒霉事，看起来很郁闷。

读了设问以后，要选择“可能对客户做出不慎举动”的一位，他俩之间，一不小心出口失言，或犯点儿小错误的，我想，A的可能性要更大一些。

人们在情绪高涨、斗志昂扬的时候，常常会不自觉地犯些小错误，说些不该说的话，也不太注意应该如何正确使用敬语。

作为作者写下这些话来提醒各位，事实上自己也避免不了这样的现象。在情绪兴奋的时候，常常就忘了对身边的长辈要保持尊敬的姿态；或者在正式的场合中不称呼对方的名字，随口便用绰号来喊人，等等。

特别是出去吃饭、喝了点小酒的时候，就更有些不拘小节，失礼的时候也就更多了。我们常说“商业活动中喝酒一定要慎重”，说的就是在喝酒之后，气氛过于活跃，会很容易影响到正常商谈的效果，还是不无道理的。

喝酒之后，话匣子被打开，拍着你上司的肩膀，说：“喂，我说你啊……”

是不是有的读者就这样做过：醉酒之后直呼老板姓名，跟地位高的人称兄道弟之类的事情？

我也一样，有过几次类似的经历。喝酒之后有点忘形，不拘小节，也不记得自己说过什么，做了些对对方很不敬的举动之后，回到家里，酒醒了，又后悔莫及。

人在兴奋、快乐、激动或幸福的时候，因为情绪的高昂会忘记应有的礼节。所以在这种时候，要预先提醒自己注意场合。

的确，情绪比较高时，如果犯了错误，给别人添了麻烦，向对方微笑一下，道个歉，事情也许会过去，但还是不给对方造成麻烦最好。

反过来讲，我们在低落的时候，反而会比较顾及对方的感受。无论是语言还是动作，都比较谨慎。

所以，像图B中那位心情比较差的男士，反而不会擅自做出对客户不敬的举动。不过说起要留给客户美好的印象，还是微笑着开心点更好。像图B的职员一样哭丧着脸去接待客户的客服，估计是没有的。

图A描绘的职员，虽然看起来不太靠谱，犯错误的概率比较大，但从其表情来看，更能赢得客户的喜爱。

总之，如果保持微笑加上慎重行事的话，客户一定会对你留下非常好的印象，会觉得你既有活力又稳重。

正确答案：A

29 为什么有的人度日如年

插图中的两位女性，在同一家饭店工作，每天的工作时间都是7小时。但是，这两位中有一个人总感到一天太漫长，觉得时间仿佛停滞了一样。请问，带有这样心情的，是下图中的哪一位呢？

时间对谁都是平等的，每个人一天都是24小时。从客观意义上来讲，既不可能增加，也不会减少。我们每个人，都拥有平等的24小时。

但是，个人对时间的概念却千差万别，心中“时光流逝的感觉”也因人而异。

读者朋友们，我们都是以自己的感觉来揣摩时间之流逝的，不是吗?

在愉快地享受着自己的兴趣爱好时，往往会这样想：“时间过得可真快啊！不知不觉间，一天已经溜走了……”

在从事自己不得不做的事情或是很无聊的时候，又往往会感叹：“怎么还没到？时间过得可真慢，好像停了一样！”

心理时间的确不同于实际时间。当我们从事喜爱的工作并从中感到快乐时，会感到时间过得飞快，仿佛一眨眼的工夫，就到了不得不结束的时候；而被迫从事自己不喜爱的工作时，却会觉得时间过得慢吞吞的，仿佛“解放”那一刻的到来遥遥无期。

圣地亚哥大学的金·特维治博士就做过对探讨此类心理时间相关问题的实验。他让接受测试的大学生们手拿秒表，告诉并指示他们，按自己的标准和估算，“在你认为到达80秒的时候按下停止键”。当然，为了不让他们知道正确的时间，完全按照自己的心理来估算，他们身上、周围都没有能够显示时间的物品，秒表也经过特殊设计，不显示确切的秒数。

于是，这些学生们认为的“80秒”过去之后，特维治博士发现了很有趣的现象。参与实验时心情很好的学生，平均在71.13秒的时候就按下了停止键；而当时心情不好或较差的学生，按下停止键的时间平均值为100.06秒！

心情较好、情绪高涨时，会认为时间在飞速向前流逝。所以，这些原本心情不错的同学，还没有等到80秒到来，就把手中的秒表按下了停止；而当时心情不怎么样的那一组，同样是80秒，却出现了延迟长达20秒的情况。

这不能不说是心理时间在作祟的有力证明。

工作时就更不例外了。必要的时候，我们也要欺骗一下自己，自己为自己打气。比如：

“工作起来真开心！”

“我就喜欢做这类事情，别担心，分配给我吧！”

请持续地对自己进行如上的心理暗示，告诉自己，我现在做的事情，就是我所喜欢的。原因在于，积极的心理暗示对树立起自己的快乐心情起着至关重要的作用；而当愉快的心情被你充分调动起来后，心理时间单位就会变小，你就会感觉时间不知不觉变快了，原本枯燥的事务也变得不那么枯燥了。

若是不停地对自己说“真无聊”“怎么这么多破事情，怎么作业做不完”……像这样对自己进行消极的心理暗示的话，心理时间就会被拉长，你会感到时间的流逝无比缓慢，时时刻刻苦于“无法从工作中解放出来”的被动心态。

既然快乐的时候，时间会变快；如果想让生命更有“速度”，就请开心地投入到你的工作中吧！

那么，让我们回到这道并不复杂的问题里。

图A中的女性在一边微笑一边工作，相比之下，图B中的女性面带不满，似乎抱怨重重。

答案是显而易见的。看着这两位的工作状态，不难知道，觉得时间过得慢吞吞的，一定是B图中这位女士。

各位朋友，你一定不希望图B中这位女士的表情出现在每天的工作中吧？那就请给自己积极的心理暗示，保持愉快的情绪，度过每一天。

网络上有句话最近十分流行：如果你选择了自己喜欢的工作，那么，你每天从上午8点到下午5点，是开心的；如果你嫁给了自己喜爱的人，那么，你每天从下午5点到第二天早上8点，也是开心的。我看到后，真是无比赞同这句话，但同时也想补充一句，如果你能将现在正在从事的变成你所喜欢的，那你就不但收获了开心，还有令你信心百倍的认可度和成就感！

正确答案：B

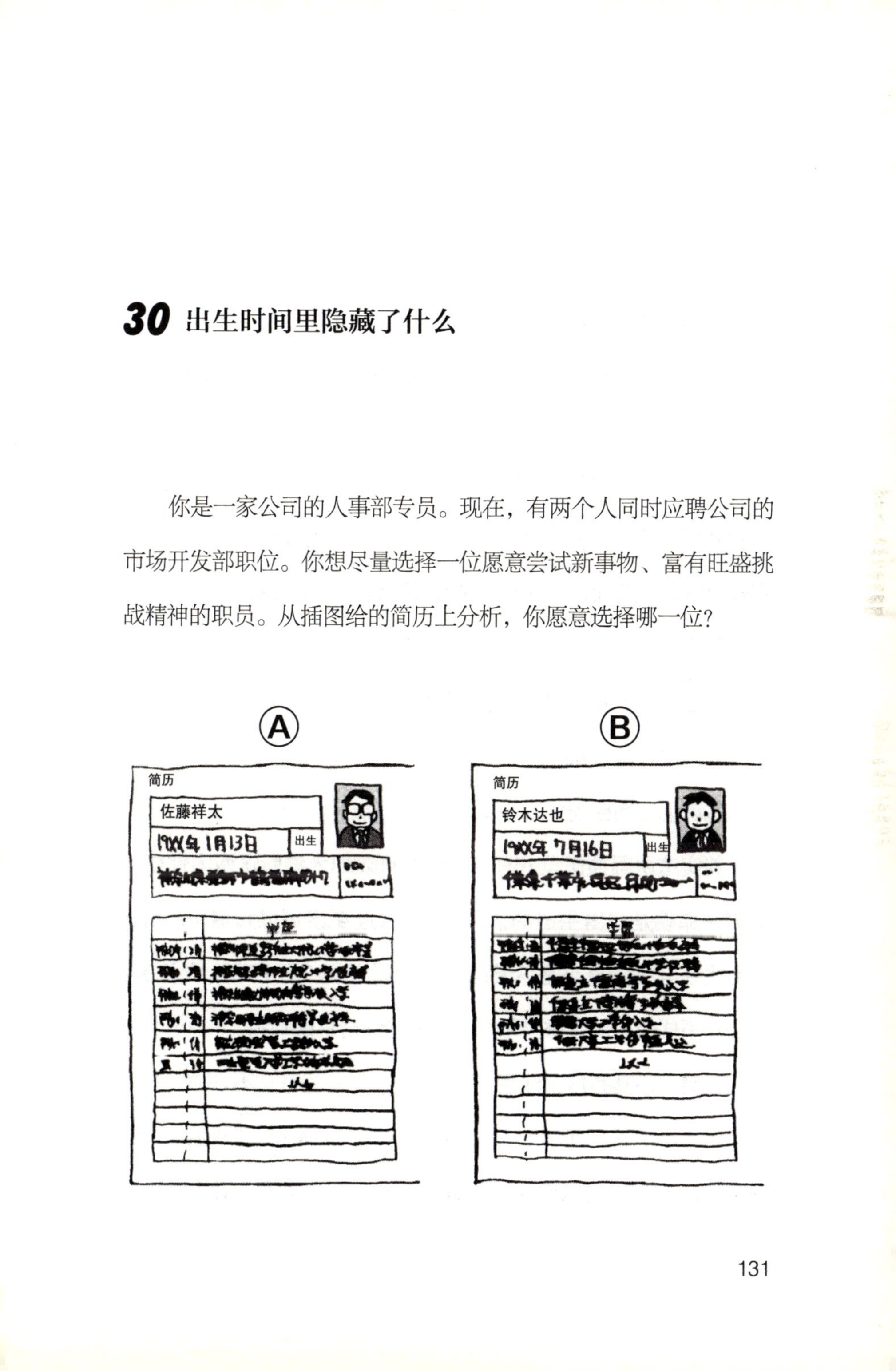

30 出生时间里隐藏了什么

你是一家公司的人事部专员。现在，有两个人同时应聘公司的市场开发部职位。你想尽量选择一位愿意尝试新事物、富有旺盛挑战精神的职员。从插图给的简历上分析，你愿意选择哪一位？

Ⓐ

简历

佐藤祥太

19XX年 1月13日 出生

Ⓑ

简历

铃木达也

19XX年 7月16日 出生

日本会不会不一样呢？”

在日本大致也是这样的——出生于秋天和冬天的人，更加富有挑战精神，并且已经有间接性的数据证明这一点。

相关数据库的资料显示，在通过对日本男性社长生日的统计中，“出生于1月”的比例最高，而非常巧的是女性社长的生日里出生于1月的比例也是最高的。因此推断，是否生于1月的人性格中会带有“尝试新事物，开拓新领域”的特质。只是，关于这类推断，目前还没有科学依据去支撑它们。

本题的问题，如果没有这类认识作为基础，可能大家会认为，这样的问题是无法做出解答的。但有关人性格的推断，目前来说，还只能作为假说成立，如果大家看到类似的履历，感到无从下手去了解对方，也并不奇怪，并不证明我们没有观察力，或是完全读不懂人的内心。请不要担心，本题最大的意图是提升大家对季节与人的性格之间所存在的关系的认识。

正确答案：A

31 想放松时应该去哪儿

假设你要接待一位客户，下面有A、B两个场所供你选择，一个是清幽安静的日式料理，一个是热闹亲近的酒屋，请问，哪一个地方更令人觉得放松、开心呢？

诸位朋友，是不是一提到“接待客户”，就会不由自主地联想到类似于“安静的日本料理饭店”呢？图B描绘的场所，则是喧闹的爵士酒吧的气氛。在这样的地方，不由会使人担心，恐怕连互相之间的对话都听不清楚吧，怎么进行商谈呢？

但是，还是要告诉各位朋友，本题的正确答案，就是B项。

首先，图A无论如何都过于传统且普通了，并不符合题干中对会面地点“使双方心情畅快且轻松”的要求。

设问中的要求，并不是让会面双方能够“安静地、从容地进行谈话”或“及其周到、无懈可击地招待对方”。问题的重点是“让对方开心”。

就拿我来说，在工作上，很多情况下我是接待客户的一方。我感觉像上图中那样清幽的日式料理，其实是很让人窘迫的。或许是我太年轻，还不懂得感受在安静的氛围中吃饭喝酒、享受美食的乐趣。但遇到这样的气氛，大部分时候我是会憋不住要落荒而逃的。

相反，倒是在杂乱的酒吧、咖啡厅里，周围人声嘈杂、熙熙攘攘，人的情绪反而能高涨起来，谈话的尺度也能放开很多。如果是别人接待我，我也希望对方安排在这样的地方。

英国莱斯特大学有位艾德里安·诺斯博士，他曾经拜托一位经营体育馆的朋友，在他的健身房里，挑选一天放快节奏的轻快音乐；而另外一天，则播放沉闷、容易让人感到焦躁不安的音乐。

然后，在这样的环境下，实验者试图接近来健身锻炼的人群，向他们搭讪并拜托他们完成一些预先设定的任务。

搭讪内容如下：

“你好！我来自为残疾人运动选手建立的×××协会。为了让更多的人知道我们协会，并踊跃参与到我们的活动中来，能不能麻烦您帮我们向您的朋友发放我们的介绍宣传册？您可以选取50本、100本、150本和200本带回去。”

结果，据诺斯博士称，在快节奏的乐曲中进行锻炼的人们，明显比在另外一个音乐环境中的人们要更加愉快地接受预定任务。数据如下图：

宣传册数量	快乐乐曲环境下	焦躁乐曲环境下
0 册	73	105
50 册	31	17
100 册	19	5
150 册	2	1
200 册	2	0
250 册	1	1

在播放轻快乐曲的情况下，人们情绪愉快，承诺率较高

在有轻松明快乐曲做背景的时候，当实验者说出类似于“某某先生，拜托您一定协助我们的工作啊”这样的话语时，得到“好的，没问题”等回答的可能性要明显高一些。

接待朋友或客户，最大的意义在于我方请求帮忙的要求，能够得到对方肯定的答复。所以，双方尽量玩得开心、高兴是选址的第一要义。就像上文中提到这个实验，在有轻快音乐的环境下，向对方适时地提出要求，成功率就会很高。

很多商务场合下，周围的环境很大程度上会影响我们的决定，尤其是饭局。如果是亲朋好友的聚会，大可不必在吃饭地点上大费周折，经济实惠的地方一定是最好的；换作同窗好友的聚会，则要考虑选取气氛融洽、装潢活泼或者有个性的地方；商务场合中，对方很有可能是你的客户或上司，这时候，就要考虑选择让对方感到满意和舒服的地点了。可以提前联系到对方相关的职员询问一下，避免产生不必要的麻烦，影响商谈效果。

正确答案：B

32 喜欢冒险的是哪种人

在不考虑潜在风险的前提下，公司要开始执行一项新的决议。请问，下图描绘的两位同事中，对于公司的内部改革率先投赞成票的会是哪一个呢？

那些认为自己有“力量”、心怀大志的人，更容易选择高风险的选项。

“你说什么？那完全就是小菜一碟的事罢了。”

“别担心，那种事情，根本没什么了不起的。”

如此这般，能力较强的人通常会在预估风险的时候将风险往较小的范围内估计。所以，即使面对高风险的事情，他们也可以很冷静地去解决问题。

与此相反，认为自己缺乏力量的人则是倾向于考虑诸如：“是不是会突然发生大地震呢？”“那个时候，我会不会因为心肌梗死，就突然死了呢？”等这类问题。他们总是会觉得不安。因此，他们更容易选择去做那些可以规避风险的事情。

加利福尼亚大学的加麦龙·安德森博士曾经做过这样一项统计。他推测了在美国国内因为龙卷风、肺癌、飞机事故等17种原因而死亡的年平均人数。

加麦隆·安德森博士在尝试着回答这个问题：“即使不能说得非常精确，估计年度平均死亡人数大概能达到多少呢？”

加麦隆·安德森博士估计的结果是，相对于认为自己没有

“力量”的人来说，比认为自己有“力量”的人的死亡比例更小。

把因为这17种死因而死亡的人的人数合算起来的话，认为自己有力量的类型的人，其平均死亡人数大约在1.3万人左右，与此相对，认为自己没有力量的性格类型，其死亡人数大约在3万人左右。我们可以看出，后者的数量是前者数量的两倍还多。

认为自己有力量的那些人，会将风险预计得比较小。

因为他们并不怎么能感觉得到风险的存在，所以对于生活中令人生畏的事情也可以泰然处之，平静对待。

而那些认为自己没有力量的人，看到的却总是风险，他们总是先入为主地认为“如果做那样的事情，会不会有危险啊？”因此，他们总是不行动，最终变得越发胆小怯懦。

本题中，因为题目问的是会选择“执行一项新的决议”的是哪一类人，所以，我们当然应该选择认为自己有“力量”的那类人。

如果用这样的观点来看书中的插图的话，我们可以看到在图A中，怎么看你都会觉得这个人物有些自恋，甚至能够感觉出他性格中有点傲慢、目空一切的因子，所以正确的答案应该是A项。

认为自己有能力解决问题的人，相对于一般人来说，会更加无所畏惧、勇往直前。所以，在公司事务中，当我们需要选择一个人来做一件前所未有的事情的时候，应该选择那些自信、有能力开拓新领域的类型，因为他们更加合适。

但是，也因为他们这类人容易忽视风险的存在，我们有必要让性格中含有谨慎胆小因子的人来支持他们的开拓性工作，以保证整个组织保持在一个平衡的良好状态之下。

题目中的两个选项很好地代表了职场中常常会出现的两种不同决断类型，即迎难而上和知难而退的倾向。

前者通常有自信、有能力，善于看出新事物发展的可能性，而且乐意参与带有不确定性的活动，潜意识中期待成功来证实自己的实力；如果发展得好，将来能成为不错的领导和决策人；后者则稳中求胜，习惯系统进行计划和研究，对于不确定的事情，通常不会做出正面判断，在他们看来，陈述事实，做出有条理而缜密的分析是最重要的，而谁引导航向以及最终谁来承担后果，则不是他们所担心的。

如果你是领导者，希望能充分利用他们的特质。让有能力、有激情的人来开拓新领域，赢得新机会；而让思维缜密的人守好大后方，规避未知的风险。这样，我们的项目才能达到效率最大化。

正确答案：A

33 适合投资的天气

A和B两个选项描绘了两幅晴雨不同的天气。这两者中，哪一种天气下股价更容易上涨？

“啊，什么啊，这个问题怎么回答啊？”

我想，有很多读者看到这个问题的时候，会有一种不知所措的感觉吧！

对于“哪只股票的价格会上涨”这样的问题，即使在那种写有股票名称的一览表上寻找答案，即使觉得在股票书籍上应该记载着这类问题，估计结果都是怎样都找不到。通过比较街道的印象，特别是通过天气的情况来判断股票的价格是涨还是降这样的问题，读者们恐怕会觉得，无论如何也找不到答案。

心理学是一门将一切可以对人的心理产生影响的事物都纳入研究领域的学问，天气当然也是其研究范围内的一项。

因为心理学家是一群对于任何事物都感兴趣的人，所有自然也就有心理学家会产生这样的疑问，即：“虽然人们在天气晴朗的日子里的心情与在阴天下雨的日子里的心情是不同的。但是这种差别在股票的价格上是否可以体现出来呢？”俄亥俄州州立大学的大卫·赫希莱弗博士就是这样的人。

在研究了26个国家的时间跨度从1982 ~ 1997年的股票价格数据的同时，大卫·赫希莱弗博士也统计分析了各国当时每天早间时候的天气情况。随后，他又尝试分析了股票价格与天气情况这两者之间是否会存在一定的关联这个问题。

随后，博士发现，在早上天气晴朗的日子里，当天的股票价格就会出现上升的现象！

在天气晴朗的日子里，人们的情绪会变得兴奋。

大家的情绪是高高兴兴的，做事情也十分愉悦。

这时候，人们的情绪就会对购物等消费活动产生正面的影响，从结果来看的话，也会对经济产生好的影响。因此，当天的股票价格整体就会呈现上涨趋势。

那么，在下雨或者下雪的时候，股票价格是不是就会下跌呢？

大卫·赫希莱弗博士认为，下雨或者下雪与股票价格的下跌是没有关系的。虽然通过统计的数据，我们可以很明确地看出“在晴朗的日子里，股票的价格会上涨”；但是这些数据却不足以证明“因为下雨，所以股票价格就会下跌”这个假设可以成立。

在晴朗的日子里，我的心情会特别好。

如果早上起床后，拉开窗帘，看到晴朗的天气，大家也会觉得心情畅快吧！对于这点，每个人都是一样的。

根据在某酒店进行的心理学调查显示，在晴朗的天气里，酒店客人给的小费就会增加。我们人类仿佛就是受天气影响的动物，在天气晴朗的日子里，情绪就会变得高涨、快乐。

作为心理学家的我，对于股市显然是一窍不通，但如果我去买股票的话，会不会因为有“在天气晴朗的日子里，所有的股票价格都会上涨”这样的念头，而做出假设，从而获利呢?

心理学的研究通常不能直接作为经济应用来理解，但我们完全可以通过基于心理学的推断来判定个人或群体的行为模式，从而推知其对日常生活造成的潜移默化的影响。

经济学习惯用简单化和模式化来界定人的感知、偏好和行为，这便存在了忽略人的大量心理行为的可能性。心理学则会深入探究人性自然的各项细节，主要采用实验方法，很多情况下，不能用精确的数学推算来描述实验结果。

例如，学生们决定寒假出去旅游。但在去旅游之前，他们将知道自己是否通过了期末考试，没通过期末考试的学生将会在寒假后补考。现在，他们有3个选择：A.买机票；B.不买；C.付费5元，延迟做决定。学生们被分为3种情况：a.不知道是否通过考试，但如果选择付费5元，则可以在旅游前知道结果；b.通过考试；c.没有通过。

统计结果为，在a的情况下，有32%的学生选了A，7%选了B，61%的学生选了C；在b和c的情况下，都是只有31%的学生选了C，分别有54%和57%的学生选了A。他们的理由是，无论考试通过与否，都会选择旅游这种方式来奖励自己或补考前出去散散心。

在这项简单的调查里，你就会发现学生们是用一个很自然的理由来代替经济学思维角度中的“效应最大化”原则的。

当我们把心理学和经济学联系起来的时候，很多看似毫无关联的现象，竟然会变得如此生动而有趣。

买股票的时候，可不要选择阴雨天哦！

正确答案：A

34 为什么烦躁的总是你

下面两幅图描绘了即将独立开展工作的两个人。在A和B两个人中，谁的不安情绪会更加严重呢?

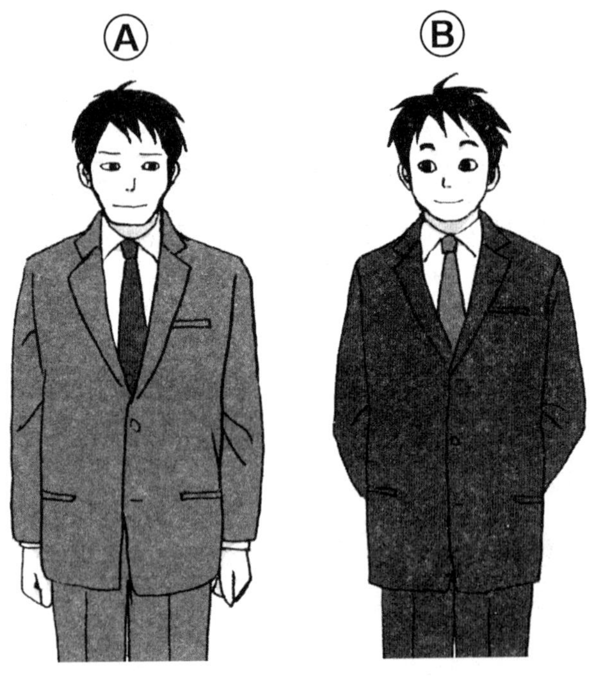

对于做任何事情来说，我们都会强调经验的重要性。即使是以前从未耳闻目染而完全不知该如何是好的事情，只要曾经经历过那么一两次，或多或少，我们都能从自己的体会中学习到不少东西。

没有过滑雪经验的人，在初次尝试滑雪时，都会不由自主担心自己的滑雪板会不会翻了。显然，他们对滑雪这件事，多多少少都怀有恐惧心理。没有过开车经验的新手，在实际道路上，就算有驾照，上路时仍然会觉得害怕吧？

不论是谁，对于没有做过的事情，都会有不安的感觉，这是人之常情。

那些有过失败经验的人，在开始涉足新的商业活动之时，对于自己最终成功与否，所产生的不安情绪，较之没有失败过的人，应该会少一些。为什么呢？因为已经有过类似经历了。我们可以发现，美国的许多成功创业者，在开始新的商业活动时，一般都不会犹豫不决。这是因为，他们中的大多数人年轻时就开始创业，有过至少两三次的失败经验，对于失败这件事已经习以为常，因而就不会惧怕重新开始。

既然本题特意在标题下面的选项给我们以暗示，大家就很容易得出正确结论了吧？对于已经有过商业活动经验的A君来说，此时不安的情绪，会明显少于B君。但是，也不能说因为有过失败的经验，在新的工作中就会成功。这个问题显然是另一个逻辑，我们在此不多加叙述。

就我自己来说，不论面对什么事，只要有过一次经验，不安的情绪就不会那么严重。

加利福尼亚大学有一位叫邦妮·哈尔帕森芙莱莎的心理学家就曾做过这样一个实验。她把577名被实验者作为对象，提出如下问题：当大地震发生的时候，你认为自己会死于这次灾难的概率，会有多大？

通过这个问题，能看到他们尝试推测风险时的倾向。

值得一提的是，与上述问题一起向被实验提问的，还有“以前是否经历过大地震”这个问题。从结果来看，我们可以看出经历过一次大地震的人中，有23.06%的人认为自己有可能在地震中死亡；而从出生到现在，一次地震也没有经历过的人中则有29.74%的人认为自己有可能在地震中死亡。这说明，即使仅仅经历过一次，人们也会在评估风险的时候将风险向较小的可能性预测。

因为，不论是谁，在经历第一次时都会觉得害怕。

我也是这样的人。第一次在朋友的婚礼上发言的时候，我紧张得心脏都快从嘴里跳出来了。但时至今日，不仅仅是婚礼，不论在什么样的场合上邀请我发言或进行演讲，我都不怎么紧张了。在经验逐步累积的同时，我也完全习惯了类似场合的气氛。

说到这里，我想到了一个心理学的研究，即学者们研究人们对于抽血一事的恐惧心理。研究结果表明，一次也没有献过血的人在抽血的时候会非常紧张；与此同时，如果一个人献血次数超过16次以上的话，在抽血的时候可以明显地看出，这类人在抽血时，不存在任何不安情绪。

在工作中也是如此，如果有过几次商业活动经验的话，人们在开始新的工作时就不会再战战兢兢、畏首畏尾地胆怯了。

题目的设问十分简单，但我们能从中看出作为一种快速的临时反应，经验在生物活动场合中是非常重要的。它是一个人综合素质的较高体现。拥有丰富经验的从业者，能够做到在突发事件中随机而动、从容不迫。经验的宝贵之处在于，它是书本上学不到的，它需要你在真枪实战的职场里用心积累，然后静心等待一朝爆发。

首先，要想迅速在职场中闪光，就要有一个正确的态度。积累成就，总结失败，当我们在心理上有了一个接纳和学习的态度，真正的经验就会乐于向你展现它的细节。

其次，是要客观分析，投身实战。冷静观察职场生活，灵活运用理论，具体情况具体分析。让一个经济学家炒股，不一定会赚钱；可一直在商海中沉浮的投资者，却能赚得盆满钵满。

让你的经历丰富起来才能更快地脱颖而出。所以，不要怕尝试，只要有机会，就尽管去试试吧！

正确答案：B

35 哪种图案更容易被关注

下面是一个某杂货店的展示柜，左上角是A，左下角是B，右上角是C，右下角是D，分别放置了四个杯子，在商店中逛的顾客，一旦停止走动驻足观看的话，第一个看到的杯子是哪一个呢？

读者朋友们，在你们看到前页的插图的时候，最先看到的杯子是哪一个呢?

那让我这个心理学家来猜一下你们会注意到哪个杯子吧!

我觉得，应该是图A那个画有“蜘蛛”的杯子。

说到这里，很多读者朋友们可能会吓一跳，疑惑“真的被你猜到了呀”。但实际上，这没什么可吃惊的，我也不是有超能力的人，也没有预言的能力。

我们人类对于“蜘蛛”“蛇”这类危险的对象非常敏感。只要它们在我们周围存在，立刻就会注意到。

因为每个人都会如此，所以就不会觉得不可思议了，这只是自然的人体反应而已。

位于瑞典的卡罗林斯卡研究所的安·欧文博士做了这样一个实验。他把准备好的144张照片给大量自愿接受测试的人们看，然后观察统计他们最先注意到的东西。

这些照片涵盖范围广阔，其中有“蜘蛛”“蛇”这种可以唤起人恐惧意识的东西，也有“花”“竹笋”等普通事物，各种图片都有。实验证明，在照片中只要有蜘蛛，我们就会立刻发现它的存在。

即使画面中有很多的东西存在，但还是很容易就会注意到“啊，这里有蜘蛛”。不论蜘蛛本身有多小，我们都会有这样的反应。

欧文博士是这样来分析这个结果的。

在第一时间发现令人感觉恐怖的对象，迅速做出反应，然后立刻逃走，只有这样，生存下来的概率才会比较高。

用进化论来解释的话，可以说是人类本身有能够立刻识别恐怖事物存在的本领。

如果杯子上画有“蜘蛛”的话，都会让人觉得有些恶心。因此，暂且不说这个东西的销量好不好，如果一个东西上有类似蜘蛛或者蛇这类设计的话，顾客们至少都会下意识地快步走开。

由此推论，如果你仅仅是想让一件东西更能吸引眼球的话，不妨采取这种设计，一定是十分有效的策略。

进一步说，大家都有“啊，看到吓人的东西了”的心理。所以那些使人恐惧的、让人觉得恶心的、让人浑身起鸡皮疙瘩的东西往往更能引起人们的兴趣。

如果知道了人们有如此心理的话，那我们的设计师，一定就能创造出很能吸引人眼球的设计了吧？

我们知道，当很多人看到蛇的时候，都会本能地感到害怕。为什么会这样？明明知道蛇不会伤害我们，蛇的样子也不像是会对人构成多大的威胁。从更深角度来看，我们就能理解在《圣经》中是蛇诱惑夏娃犯罪，为什么不是别的动物来承担这个角色的了。

一些研究人类心理的学者认为，这缘于远古时代人们的生活经验。对于居住在森林中的最初的人类来说，遭到蛇咬很容易死去，这样，害怕蛇的、小心翼翼地远离蛇的人有更多的机会活下来，因此，在人类的意识深处，隐藏着来自远古的对蛇的天然恐惧。人类文化心理中对蛇的恐惧、对这种恐惧的重视与自觉，使蛇成为邪恶的象征。

即使在西方文化中，也有人认为，蛇诱惑人类犯了罪，但也由此开启了人类的智慧之门。这是因为在另一方面，人的心理有着这样的特点，那就是会受到相反方向的力的作用，对于所害怕的、禁忌的东西，又会产生接近与向往，说得白一些，就是会产生想探个究竟的意愿。基于这样的逆反心理特点，我们对于引起恐惧的事物，如恐怖电影所产生的既害怕又向往的矛盾心理，也就很容易解释了。

正确答案：A

36 你会和谁坐在一起

一名男士正在乘坐公共汽车。整辆车已经接近满员的状态，现在空着的座位，只有左手边的女士旁边的位置A和右手边男士旁边的位置B。请回答，这名男士接下来将会选择哪边的位子坐下呢？

“所有的男人都喜欢女人呀，所以这名男子也一定会选择坐在那名女士旁边的位置上的。一定是这样的！”

如果有人这么想的话，那我只能十分遗憾地告诉你，你的答案是错误的哦！

如果你是一位男士的话，把你置身于同样的情境之下，你会选择特意坐在那位女士旁边的位置上吗？即使其他男性身边的位置是空着的，你也会这么做吗？

“如果这么做的话，一定会被旁边的女士认为自己是个奇怪的人吧……”

你会有诸如这样的想法，因而犹犹豫豫不敢坐下吧……

不过，这样的反应，其实再正常不过了。

一般的情况下，如果有两个以上的位子空着的话，男性会选择坐在男性的旁边，女性会选择坐在女性的旁边。

也有的读者可能会问，这件事情太正常了，还用得着说吗？但是我们还是用实际的数据来验证一下吧！

新加坡国立大学的心理学者N·斯里拉姆博士对1239名乘客乘坐公共汽车时选择位置的倾向进行了分析。

结果果然是男性会选择坐在男性的旁边，女性会选择坐在女性的旁边。这就叫作“性别效应”，“性别”这个词，含有“性别差异”之意。在同性旁边坐着的话，会让我们觉得心情更加放松。

除此之外，斯里拉姆博士还说，相同背景的人更喜欢聚在一起，注意观察的话，你可以发现中国人喜欢坐在中国人的旁边，马来西亚人喜欢坐在马来西亚人的旁边，印度人则要坐在印度人旁边。顺便说一下，此现象叫作“民族性效应”。坐在与自己同一人种的乘客旁边，也能够让人放松下来。

斯里拉姆博士还发现人们更喜欢坐在年龄相近的人旁边。年轻人更愿意坐在年轻人旁边，年长的人更愿意坐在年长的人旁边。同理，这个现象叫作“年龄效应”。

我也是这样，即使很想坐在年轻女性身边，但最终还是会选择坐在和自己年龄相近的男性旁边。“心里确实想坐在漂亮的女孩子旁边啊”，但实际行动的时候还是跟自己的内心想法有差距的。

如果这次的问题是问内心想法的话，也就是说把问题变成“一名正在乘坐公共汽车的男子，想坐在哪边”的话，那么正确答案一定是A。

但是，如果问道："实际上会坐在哪里呢？"只要不是对方喝醉了，或者浑身散发着臭气，男性还是更倾向于坐在男性的旁边，不会选择坐在女性旁边的。

物以类聚，人以群分。职场中，喜欢和同自己具有相似背景的人聚在一起的朋友们，恐怕为数不少吧！你是否也是小圈子中的一员呢？

说实话，在办公室中出现小圈子是正常现象。当一个组织到了一定程度之后，团体内的顺畅沟通就会变得困难，因此小规模亲密交流的小圈子就会自然而然地形成。组织行为学家Joseph A. Devito提出，一般而言，当公司人数超过12人，每个成员能够一对一充分和其他人交流的可能性就会大大减少。成员之间，就会自发组成不同的圈子。

这样的氛围有好有坏，一方面，它可以为我们提供"工具型"和"情感型"的社会支撑。彼此熟悉，沟通良好，能互相提供协助，完成工作任务；同时，能提供安慰，相互理解，减轻工作及生活所带来的压力；但另一方面，令人头疼和猜忌的"办公室政治"也会狼烟四起。

在考虑清楚后，如果你决定要站在某一团队，加入小圈子，希望你能掌握如下原则：

要乐于分享客观信息，而不吐槽。即使因为兴趣聚集起来，也不可避免地会聊到工作。这是交流各部门的一些客观信息，例如已经确定的人事变动、部门的新工作项目等，有助于大家掌握公司近况。然而千万不要彼此大吐苦水，甚至聚在一块儿批评领导，不但会挫伤大家的士气，更可能会让你卷入背后议论，造成日后的麻烦。

要乐于提供支持，而不制造矛盾。别忘了小团体的目的是让大家能够和睦交流。若就此聚众排挤外人，就会容易衍生为严重的办公室冲突，结局往往是两败俱伤，上司对两边的印象都会大打折扣。

如果你决定“独善其身”，那也务必同各方人保持友好关系，而不是把自己变成游离在外的“窗边族”。当然有时候无门无派的做法也会带来意想不到的结果，例如当为一个职位两派争执不下的时候，没有鲜明立场的你，往往最后可能变成大家都可接受的人选。

正确答案：B

37 你喜欢在哪儿喝酒

下图是两个心情很不爽的职员。在白天工作的时候，被客户狠狠地骂了，心情不痛快、很烦恼的男士，会是哪一个呢？

被骂了以后，有些人不会很在意这件事，但是，也会有一些人过于在意。

虽然从心理健康的角度来说，如果能毫不在意被骂的事情，逆来顺受地接受这个事情比较好，但A和B两个人中，哪个人是比较在意被骂这件事情的人呢?

如果说A和B两个人中，谁的神经是比较疲惫的话，那就是A了。

为什么这么说呢?因为我们可以看到，他一个人在家中独自借酒消愁呢!

图B中的这一位，像是在和同事或者同学这样的人抱怨。发生了令人心情不好的事情时还能这样喝酒的人，说明他还是可以承受得住的。

康涅狄格州州立大学的辛西娅·莫尔博士找来了100名男女（平均年龄34岁）实施了一项研究。博士拜托他（她）们连续一个月以上每天都记日记。然后通过分析这些人的日记，可以很明显地发现，心情不好或感觉不怎么痛快的日子里，大多数情况下，都是当事者一个人在家孤独地饮酒。

与此同时，通过分析这些大同小异的日记，可以得出如下结论：当我们有令人高兴的事情发生的时候，大部分人都乐于在外面和朋友一起喝酒庆祝。总结来说，就是精神比较疲惫的人更愿意在家喝酒，而精神没那么疲惫的人，则更愿意在外面喝酒。

因为我是那种性格比较开朗，就算有什么讨厌的事情也完全不会在意的性格类型，所以我基本没有过自己在家喝闷酒的经历。我也没有晚饭时喝酒的习惯，家里平时储存的酒，也就几听而已。并且，对我来说，酒这个东西就应该是和朋友一起高高兴兴时喝的。就像莫尔博士说的那样，开心时同朋友喝酒的时候比较多。

“啊，烦死我了！”

每个人的情绪都有高有低。低落的时候，我也会在家独自饮酒。但是那时候的酒，我一点都不觉得爽口好喝。这恐怕是因为，那个时候，所谓的酒，已经变成了“为了逃避现实而灌下的液体”的缘故吧？

顺便说一句，心烦意乱的时候，大家最好不要在家独自饮酒。

正确的做法是和朋友一起出门发发牢骚，把心中的不满和抱怨一吐为快。如果一个人独自饮酒的话，到最后无论如何整个人都会变得闷闷不乐，坏情绪得不到解脱。闷头喝酒，结果不外乎那些令人烦恼的事情不断重复出现在你的脑海中。

虽然有“酒是百药之首，适度饮酒有利于身体健康”这样的说法，但是如果喝的方法不对的话，酒依然会对身体有害。

如果怎么样都得喝酒的话，高高兴兴、快快乐乐地喝固然好，但当工作上遇到烦心的事情，情绪很烦躁的时候，叫上一两个朋友来大口痛饮，之后果断回家休息才是比较正确的办法。

更好的酒是工作努力之后，与朋友一起举杯庆祝的酒。

总的来说，喝酒这件事应该是用来犒劳自己的一件事。如此一来，才能畅饮美酒，分享快乐。

生活不可能总是一帆风顺，坏情绪难以避免。当你情绪激动时，为了使它不至于爆发和难以控制，除了喝酒还可以有意识地转移注意力，把注意力从引起不良情绪反应的刺激情境转移到其他事物或活动上去。可以做一些自己平时感兴趣的事，做一些自己感兴趣的活动，如玩游戏、运动、下棋、听音乐、看电影、读报纸等。到室外走动一下，计划一场短途旅行，都会使人精神振奋，把那些烦心事抛诸脑后的。

或是电视和电影里经常会有的镜头：某人因有不良情绪，便跑到旷野、海边、山上无拘无束地喊叫，或者拼命地击打树木，或者狂奔。

这就是合理发泄情绪的表现。

所以，当我们在遭遇到不良情绪时，也要学会通过简单的“宣泄”渠道痛痛快快地表达出来，或将不良情绪通过别的途径与方式宣泄出来。各位白领们，或许尝试过在适当的场合哭一场、痛快地喊一回、向亲朋好友倾诉、进行剧烈运动等，都是不错的方法。

但是，我们一定要明确，发泄的方法不同于放纵自己的感情，不同于任性和胡闹。如果不分时间、场合、地点而随意发泄，既不会调节好消极的情绪，还会造成不良的后果。

正确答案：B

38 读不懂的邮件

这里有一位男性职员在撰写一封非常标准的商务邮件。

那么，请大家猜一猜，这名男子想向对方传达的内容中，有多少能够被对方正确理解呢？

请从下面这些选项中，选择一个你认为可能的选项。

Ⓐ…100%　Ⓑ…80%

Ⓒ…60%　Ⓓ…40%

当今时代，电子邮件已经变成了商务活动中一种不可或缺的工具。读者朋友们，你们也几乎每天都在使用电子邮件吧！那么，在这样的情况下，我在想，是不是任何人都能凭着自己的经验找出正确答案呢？

大家认为，自己写的邮件内容中，有多少可以准确无误地传达给对方？大多数的人在被问到这个问题的时候，都会充满自信地回答“应该可以百分之百传达到吧，最不济也应该有90%喽”。看来，我们都误以为对方能够完全看明白自己写的邮件，明白想要传达的意图。

那么，让我们来换一个问题来问吧！

大家每天都在不停接收大量的邮件。这些邮件里，有多少会让你有“哎呀，这到底是什么意思啊？”或者“这个人到底想说什么呀……”这样的感觉？每10封邮件中，是不是总有一两封这样的邮件，让你觉得很难理解对方到底想说什么呢？

如果这样的话，我就有些怀疑大家写的邮件到底能不能让对方完全明白你要表达的意思了。很有可能写邮件的人很明白自己的意思，但是对方完全看懂我们要表达些什么，就像我们自己把手中的事情放在一边不管了，觉得没什么，但是其他人会认为这么做不对。这就像大家写的邮件一样，有很多自己想当然不必解释的看法，对方反而表示难以理解。

纽约大学的贾斯丁·库尔卡博士做了这样的一个实验。他招来了很多自愿参与调查的大学生，让他们以10个话题（约会、汽车、运动、喜欢的食物等）为主题给朋友写信。

然后在发邮件之后，有97%的人被问到“你认为你想表达的意思对方能够理解多少？”这个问题的时候，他们回答说，他们认为对方完全可以正确理解自己的意思，并表示，自己想要表达的意思，对方大概可以做到100%理解。

接着，我们调查了收信人对于邮件内容的理解程度。结果表明，实际上，被收信人按正确的意思理解的内容，只占全部内容的84%。

我们总是认为，自己想要表达的内容，即使不说，对方也能够明白，但是事实上，我们传达的信息，最多只有80%左右能够被对方所理解。

这么看来，本题的正确答案应该是B项比较合适。无论怎么写邮件，邮件的内容都不会100%地传递给对方，起码选项A一定是不正确的。

假设给商务伙伴发送了邮件，即使对方回复说“明白了”的时候，我们还是不能确定他们是“只是明白了表面上字面的意思”还是“完全理解了我们想说的意思”。想要通过文章来表达自己内心的想法，其实是一件十分困难的事情。

既然我们在传达信息时总会出现信息不对称的情况，那么，在商务场合中更要避免错失重要信息。在向对方试图沟通问题的时候，不妨注意一下自己是否做到了有效沟通的要点。例如：

发送邮件前，先澄清需表达的概念和相关注意事项；

检查我们所表达的目的是否清晰，目标是否集中；

考虑对方在听到意见或看到邮件时周围可能的环境条件；

必须传达决定性意见时，征求上司的意见；

注意内容和表述语调；

尽可能传达完整、有效的信息；

向对方表示，你需要及时、必要的回复或反馈；

不仅着眼于目前事务或项目的解决，更应该注意建立长期的联系；

如果双方曾有过约定，请一定言出必行；

对方表示有什么困难和问题时，不管我们是否能够解决，都应当先扮演好“听众”的角色……

以上几点，你做到了多少？请及时检查一下你的商务邮件吧！

正确答案：B

39 哪家店的东西更容易卖出

下面的图描绘的是一个果酱的试吃台。从试吃台前通过的顾客会从谁那里拿果酱，把果酱放到自己的篮子里，一直拿到柜台结账为止呢？我们假设买与不买的行为，与卖东西的女孩的个人魅力无关。

A这边的试吃台“总共6种”，让人看起来就会稍微有些空荡荡的感觉。顾客如果看到像B这样“总共40种”的试吃台，应该会觉得可以选择的内容非常丰富，觉得场面真是盛大。说来有趣，顾客和昆虫在这方面是一样的，都喜欢向明亮的、盛大的地方集中。

这么看来，是不是B是正确答案呢？

但是，问题的焦点可并不是“顾客喜欢聚集到哪里”的问题。

向大家提问的内容是“顾客会不会购买”的问题。

具体内容是：“顾客们会不会把东西放到自己的购物筐中，然后一直拿着，直到结账的时候为止呢？”

所以，从顾客会不会购买的角度来说，A才是正确答案。

我们都希望可供选择的商品的种类越丰富越好，但是，在购买的时候，为什么商品种类丰富了，反而选择不买的人有可能更多呢？这是因为，当我们无法判断买哪一个更好时，往往会选择把多余的选项都去掉，于是干脆不买了。

大家确实都会凑到试吃台B前，饶有趣味地进行品尝，因为这里的东西种类多，更容易让人感觉稀奇少见，比较容易受到大家的关注。

但是谈到实际购买的种类，就是另外一回事了。

实际上，大家都选择购买的产品的地方是A，不是B。

哥伦比亚大学的谢娜·爱恩卡博士便在一个超市里做过类似的实验。

两名分析员打扮成店员的样子，在果酱的试吃台前招揽过往顾客。两个试吃台上分别放置了6种果酱和24种果酱。我们把顾客分为两类人，第一类仅仅只是停留在试吃台前的顾客，或者进一步说，是不仅停留在试吃台前，还进行了试吃了的顾客；第二类是购买了该类产品的顾客。根据比例，我们完成了下表，来说明这个问题。

	驻足的顾客	购买的顾客
6种	40%	30%
24种	60%	3%

种类比较少的柜台，购买的顾客反而比较多

因此，我们可以得到这样一个有意思的结论：种类繁多的那边，虽然会吸引很多顾客驻足，但过多的货品影响了顾客的判断，实际上购买的人便很少；与此相对，商品种类比较少的那方，虽然没有商品琳琅满目的地方那么引人注目，但是从结果上来看，产生实际购买行为的顾客反而多。

顾客并不会因为种类少、选择范围小而不购买东西。所以说，我们在卖东西的时候，不必过分追求货种的大而全，相反，当货物种类处于一种适合经过简单的挑选后做出决定的状态时，卖出商品的概率反而更高了。

正确答案：A

40 为什么越脏的地方会越脏

图中是两种不同布置的会议室。在接下来的时间里，A和B哪间办公室会变得越来越脏呢?

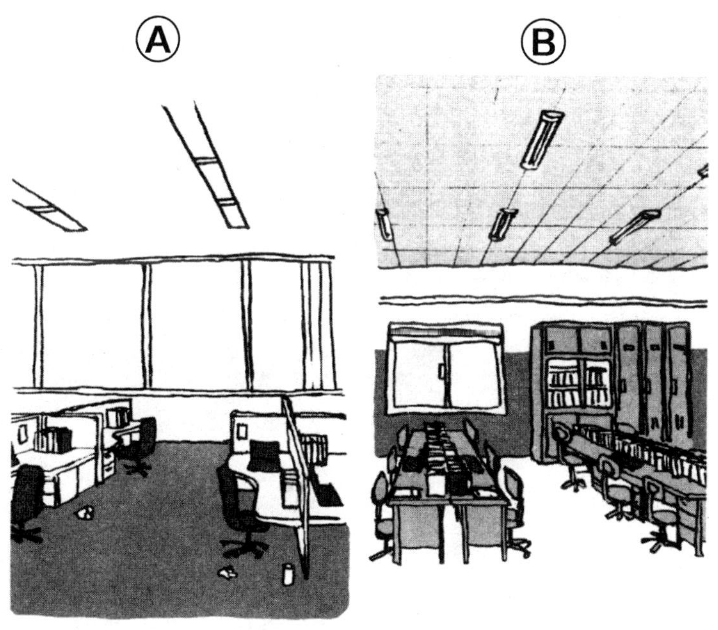

开车的时候，偶尔会在道路的两侧看到堆积成山的垃圾。在路口因为红灯而停车的时候，也会看到中间的绿化带里面四处散乱的废弃物。

“为什么有这么多的垃圾呢？”

读者朋友们一定也会这么想吧！

这并不是说是由于司机们素质低造成的后果，而是因为以前就有某个人已经在这里扔了垃圾。当我们看到，已经有人在这里扔了垃圾，我们就会有“啊，那这样的话我在这里扔垃圾也没什么了”这样的想法，然后，自己心安理得地将垃圾扔在同样的位置。不久之后，又有人路过，看到两个垃圾被扔在那里，就会更加心安理得地把自己的垃圾也扔在同样的地方……如此一来，在“聚沙成塔”的理论下，那里就会形成一个不折不扣的垃圾山。

实际上真正没有素质的只有第一个扔垃圾的人，之后的人们不过是跟随第一个人而已。

所以，重要的是不能允许第一件垃圾出现。

在迪斯尼乐园的公园里，为了让一件垃圾也不会出现在园区内，工作人员都具有像鹰一般的眼睛仔细检查每一个角落，以防有人乱扔垃圾。因为工作人员都知道，只要出现第一件垃圾，那个地方就会不断出现新的垃圾。

心理学上有一个非常著名的“破窗理论”。这个理论的内容大致可以理解为：哪怕只是有一家的窗子是坏的，或者仅仅是一面墙上有涂鸦出现，那么这个地区的治安就会与日剧下。

多年前，美国斯坦福大学心理学家詹巴斗进行了一项实验，他找了两辆一模一样的汽车，把其中的一辆摆在帕罗阿尔托的中产阶级社区，而另一辆停在相对杂乱的布朗克斯街区。停在布朗克斯的那一辆，他把车牌摘掉了，并且把顶棚打开。结果这辆车一天之内就被人偷走了，而放在帕罗阿尔托的那一辆，摆了一个星期也无人问津。后来，詹巴斗用锤子把那辆车的玻璃敲了个大洞。结果是仅仅过了几个小时，它就不见了。

以这项实验为基础，政治学家威尔逊和犯罪学家凯琳提出了一个“破窗理论”。理论认为：如果有人打坏了一个建筑物的窗户玻璃，而这扇窗户又得不到及时的维修，别人就可能受到某些暗示性的纵容去打烂更多的窗户玻璃。久而久之，这些破窗户就给人造成一种无序的感觉。结果在这种公众麻木不仁的氛围中，犯罪就会滋生、猖獗。20世纪七八十年代，纽约以脏、乱、差闻名，环境恶劣，同时犯罪猖獗，地铁的情况尤为严重，是罪恶的延伸地，平均每7个逃票的人中就有一个通缉犯，每20个逃票的人中有一个携带武器者。

1994年，新任警察局局长布拉顿开始治理纽约。他从地铁的车厢开始治理：车厢干净了，站台跟着也变干净了，站台干净了，阶梯也随之整洁了，随后街道也干净了，然后旁边的街道也干净了，后来整个社区干净了，最后整个纽约变了样，越发地整洁漂亮了。现在的纽约，是全美国环境治理最出色的城市之一，这件事也被称为“纽约引爆点”。

同理，荷兰的佛洛宁根大学的基斯·凯撒博士做了这样一个实验。他秘密检查了一些停车场的状况后发现，有涂鸦的停车场和没涂鸦的停车场内，停车人在场内扔垃圾的情况是截然不同的。

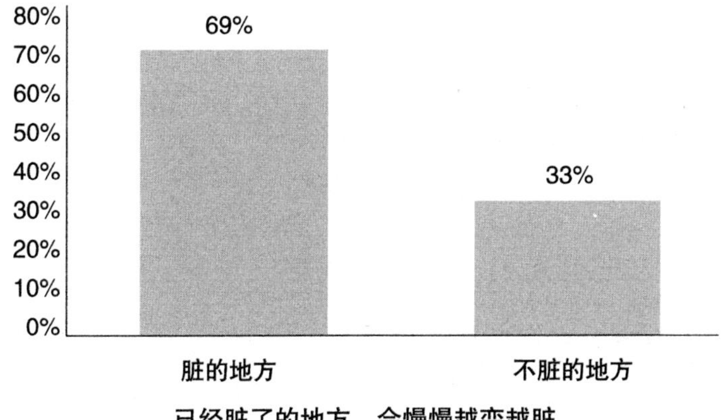

已经脏了的地方，会慢慢越变越脏

结果，事实表明，墙壁上有涂鸦的地方，让人感觉周围也似乎是脏兮兮的，人们在附近的路面上丢弃垃圾的比例是没有涂鸦地区的两倍还多。

还有一个被称为校园里的“破窗现象”：班里新来了一个留级生，由于他的勤奋努力，使得原本想混日子的同学内心受到震动，学习气氛开始逐渐转好。有时，老师反复强调的重点，一部分同学或许不以为然，但是这位留级生如果说了“这个内容要考试”，便会立即引起同学们的高度重视——你看，留级生的话比老师的话还有效！

这说明，及时修好第一扇被打破的玻璃，能有效扼杀“破窗现象”于萌芽状态。

所以，让我们回到问题本身上来吧！B图上，整个办公室被打扫得十分干净，地板上一点垃圾也没有。A图上虽然让人感觉很清爽，但是我们看到地板上出现了一点垃圾。现在虽然很干净，但是，问题上问的是“之后会变脏的是哪一个”，所以，应该选择A。

正确答案：A

41 抢占先机的沟通方式

以下两幅图描绘了同商务伙伴在电话里进行商谈的两名职员。请问，A和B两个人中，哪个人在气势上能够压倒电话中的另一方呢？

在打电话的时候，主动打电话的一方会处在绝对的优势地位上。

为什么会这么说？因为主动打电话的一方，一定是预先完全准备好的一方。因为，如果你不是认认真真准备好措辞，你是不会充满信心拿起电话的吧？所以，在电话里，主动打出的一方，可以很好地引导谈话，控制局面。

从另外一个方面来说，被打电话接到你电话的一方是在准备不充分的情况下突然接到电话，所以，这一方是在毫无防备的状态下被攻击的一方。如果用战事来比喻打电话，接到电话的一方算是遭遇了伏兵，很难获得战役中的主导权。

西北大学的亚当·卡林斯基博士指出，在双方谈判的过程中，时刻具有抢占先机的思路是十分重要的。

在某咨询公司举办的公司新员工分红模拟谈判过程的一个活动中，招聘负责人先给出条件的组别，平均分红为12887美元。

但如果是应聘一方首先提出条件的组别，平均分红则为17843美元，明显高于前者。

所以，我们可以得出这样的结论，先提出条件的一方在交涉的过程中，占据有利地位。

主动打电话的时候，很容易出现这样的情况，即：主动打电话的一方会预先明确提出对本方有利的条件，然后接到电话的一方则只能通过压制或斡旋的形式来勉强接受对方的条件。但只要打电话的一方坚持己见、立场坚定，那么这一方的气场就会越来越强，而接到电话的一方只会被逼得气势越来越弱。

顺便说一句，就我自身的情况来讲，我一般是不会在电话里做重大决定的。

因为，就像我刚才所说的一样，如果在打电话的时候做出了比较重大的决定，答应了对方的条件，事情的结果很可能就顺着向对方有利的情况去发展了，而当对方突然打来电话，要求我们答应某协议，而我们又一头雾水，仅仅凭对方的言辞来分析时，茫然答应对方的可能性是很大的。因此，不论谁因为什么事情打电话给我，我都会这么说："确认完计划表或者其他必要的事情之后，我一定会给您回电话的"，然后礼貌地挂断电话。在准备充分之后，作为主动的一方，我再给对方打电话。当电话由我来主动拨出时，我便可以站在强势的地位上，来同对方谈重要条件。如果想让对方乱了方寸的话，那么有效的方法是充分准备，然后隔两三天再打过去。

“啊，那个……嗯，那个条件嘛，应该没有问题。”如果像这样稀里糊涂地答应了对方，事后就会后悔，反思自己怎么会做出如此令人不可思议的约定。

“我这个人特别容易忘事，如果仅仅是听您这么说，过一会儿我就把这个事情给忘了。真的很抱歉，能不能麻烦你把今天的谈话内容再用邮件发给我一遍呢？我确认之后，再给您回话可以吗？”像这样的，避免立刻回答对方，用电子邮件作为借口也是一个很好的主意。

看一下本问题中的插图，我们可以看出A是打电话的一方，而B是接电话的一方。所以，能够在气势上做到强势的，我们可以预想到，应该是选项A。

说起如何打电话的问题，读者朋友们，你们掌握打电话的技巧吗？

首先，第一声的招呼很重要。当我们打电话给对方公司，若一接通，就能听到对方亲切、优美的招呼声，心里一定会很愉快，使双方对话能顺利展开，对这个公司有了较好的印象。在电话中只要稍微注意一下自己的行为就会给对方留下完全不同的印象。同样说“你好，这里是××公司，受您照顾了”，但声音清晰、悦耳、吐字清脆与否，给对方留下的印象是完全不一样的。因此要记住，接电话时，应有“我会代表公司形象”的意识。并且，请带着喜悦的心情。打电话时，我们要保持良好的心情，这样即使对方看不见你，但是也会被你欢快的语调所感染，对你留下极佳的印象。面部表情会影响声音的变化，所以即使是在电话中，也要抱着“对方在看着我”的心态去应对。

同时，端正自己的坐姿。打电话过程中绝对不能吸烟、喝茶、吃零食，即使是懒散的姿势，对方也能够“听”得出来。如果你打电话的时候，弯着腰躺在椅子上，对方听你的声音就是懒散的、无精打采的；若坐姿端正，所发出的声音也会亲切悦耳，充满活力。因此打电话时，即使看不见对方，也要当作对方就在眼前，尽可能注意自己的姿势。

第二，迅速准确地接听电话。大家平时一定业务繁忙，桌上往往会有两三部电话，听到电话铃声，应准确迅速地拿起听筒，最好在三声之内接听。电话铃声响一声大约3秒钟，若长时间无人接电话，或让对方久等是很不礼貌的，对方在等待时心里会十分急躁，对你的公司留下不好的印象。即便电话离自己很远，而附近也没有其他人时，听到电话铃声后，我们应该用最快的速度拿起听筒，这样的态度是每个人都应该拥有的，这样的习惯是每个办公室工作人员都应该养成的。如果电话铃响了五声才拿起话筒，应该先向对方道歉，若电话响了许久，接起电话只是"喂"了一声，对方会十分不满，会给对方留下不好的印象。

第三，认真清楚地记录。随时牢记5W1H技巧。所谓5W1H是指：When(何时)、Who(何人)、Where(何地)、What(何事)、Why(为什么)和How(如何进行)。在工作中这些资料都是十分重要的，对打电话接电话具有相同的重要性。电话记录既要简洁又要完备，这有赖于5W1H技巧。

第四，认真了解来电的目的。上班时间打来的电话几乎都与工作有关，公司的每个电话都十分重要，不可敷衍，即使对方要找的人不在，也切忌只说"不在"就把电话挂了。接电话时也要尽可能地问清事由，避免误事。我们首先应了解对方来电的目的，即便自己无法处理，也应认真记录下来，委婉地探求对方来电的目的，不但可以不误事而且还可以赢得对方的好感。

第五，挂电话前一定要礼貌。要结束电话交谈时，一般应当由打电话的一方提出，然后彼此客气地道别，说一声“非常感谢！再见！”再挂电话，不要只管自己讲完就挂断电话。

正确答案：A

42 谁能种出好吃的西红柿

图中画了两个番茄的种植者。其中一个人因为种出的番茄得到大家很高的评价而小有名气。那么，他会是这其中的哪一位呢?

这里，我们暂且不考虑土壤的质量以及番茄的品种等外部因素。

不论是A还是B，看起来都在一脸幸福地栽培着手中的小小植物。他们两个人都面带微笑地抚摸着番茄。如果一定要找出有什么不同的话，那唯一不同的地方，就是A看起来像是正在同番茄愉快地聊天。这是很关键的一点。

一般人是不会和蔬菜、水果等我们认为没有生命的物种进行对话的。蔬菜和水果没有耳朵，即使我们和它们说话，能明白和判断植物们想要告诉我们什么也是绝无可能的。

或许某一天，我们会具备这样的能力，起码现在并没有能够证明人能同其他物种直接交流的数据。但是，种植者可以和蔬菜、水果说话，蔬菜、水果听到之后，就会有反应，这种反应是会体现在生长过程中的。通过它们的反应，种植者们能够明白所有的一切。我们相信，水果和蔬菜们也是有“心”的。

在美国的阿里桑纳州的植物研究所，研究者们进行过这样一个有趣的实验。在同样的气候条件下，在同一亩地上，研究者种了一些番茄的幼苗。施肥、浇水、光照、温度等所有的条件都是一样的。只是对其中半亩地的番茄苗，研究者会逐一向它们打招呼，并像朋友一样，轻轻地敲击它们。比如，温柔地抚摸这些番茄苗。

结果，番茄结果之后，他们发现从外观看来，两块地里的番茄基本是一样的，但是口味却相去甚远，研究者们进行过对话的那些番茄格外可口。正是因为每天和它们打着招呼，说着诸如："哇啊，大家今天也很漂亮呢！""哦，你又长大了呀！一定要多多努力哦！""哦，颜色也变得很美呢！"……每天用这样的语言试图同"它们"沟通，而且抚摸果实的表皮，给"它们"以关注，两块地里种出的番茄的味道才会大不一样。因此，正确的答案应该是A项。

读者朋友们也一定能回想起来，似乎在哪里也听到过类似的观点吧？确实，语言和爱的力量是非常强大的，对于植物和动物，这句话依然适用。

我也种植了不少花花草草，在给它们浇水的时候，我会同它们一直聊天，好像对待朋友一样进行沟通。这样做之后，植物的叶子也变得亮闪闪的，长得特别大，甚至有点像营养过剩了似的……

回想一下我们身边因为养宠物而心情愉悦的朋友们，我们会发现，人对动物其实也是一样的。积极主动同宠物们交流互动的话，动物也会无比真诚地回应我们。拥有狗或者猫作为宠物的人，一定对我的话深有同感吧！我们想要表达什么，我们的喜怒哀乐，动物们都会明白的。

虽然有一些人认为，我们人类无法和动物或者植物进行交流，即使无法通过图像、文字、语言等具体手段，爱也是可以完完全全传达给对方的。请一定相信这一点。

怎么做才能从内心沟通呢？人和动物，不用语言真的能彼此了解吗？“动物的情感和我们毫无二致。它们会困惑、失望，会悲伤，有喜有爱，一切都没有什么不同，唯一的差异只在于身体外形和所讲语言和我们不同。它们的语言不是开口出声讲话，而是影像、感觉和意念，它们会表达身体感受到的感觉，会分享其灵性看法。我们是身、心、灵合一的有情众生，以心为中心，若从心这个中心沟通，就会了解身体、灵性、情感和心理的一切资讯。”美国著名的动物灵媒和作家，创办了葛尼动物沟通协会的卡罗·葛尼如是说。

我们身边的植物、动物都可以算是我们的家人，值得我们以爱和尊重对待它们，就像对待其他家人一般。就像种植番茄的实验一样，它们也会时不时地向我们传达信息，只是我们大多数人对它们并不关注，因而也就收不到。注重培养同植物、动物交流的心态，有助于我们树立起对这个世界的善念，我们会因为这些美好的花花草草和小猫、小狗们的反馈，而更懂得尊重、更懂得爱。

从现在开始，学会把办公室里的小心情，同电脑旁的可爱植物们一同分享吧！

正确答案：A

43 谁有丰富的创造力

图中描绘了正在睡觉的两个人。请判断一下，从他们睡觉的状态，可以判断出充满创造力，以及丰富想象力的，是哪一个人呢?

很多人在晚上睡觉的时候会常常做梦，梦境对于提高创造力是非常有好处的。

德国曼海姆的一个精神健康中央研究所的迈克尔·施莱德鲁博士调查采访了1000名以上的志愿者。得出的结论说明做梦这件事有很多好处。施莱德鲁博士就挑了几点说了一下做梦的好处，比如：

1. 做梦可以让人获得对工作或者艺术相关的整体印象；

2. 做梦可以让人得到解决问题的好点子；

3. 做梦可以让人有“我要干点什么”的冲动；

4. 做梦可以让人洞察到不少微妙的事情。

虽然有些人记不太清楚做过的梦境里具体是什么内容，但是从梦中获得的很多想法或者点子，还是可以在工作中加以善用的。如果你经常从事创造性工作的话，尝试记一下有关梦的日记没准是个不错的选择。

通过做梦得到好点子，随后获得成功的著名人物有很多。

罗伯特·斯蒂文森根据梦里遇到了具有二重人格的人这件事为契机，写出了著名的《吉尔吉博与海德先生》这部作品。

缝纫机的发明者伊莱亚斯·豪在发明缝纫机的过程中十分不顺，在万分烦恼之际，午睡时做了个梦。这是一个食人族用扎枪袭击人的梦。那个扎枪的前端有一个非常小的洞，由此伊莱亚斯·豪才想到了在针的前面钻一个洞的这个主意，这也使得发明缝纫机得以成功。

德国的化学家凯库勒也是因为在梦中梦到了自己被蛇咬住了屁股而团团转的情景，才意识到碳是像轮子一样结合在一起的，因此发现了苯环结构。

加拿大的医生F.G.班廷在发明胰岛素之前也是做了梦，法国的数学家彭·加勒发明的钩子函数也是做梦的产物。

读者朋友们，尝试着通过做梦而获得一些新想法，怎么样呢？没准会获得意外的收获呢！

顺便说一下，本文中的插图A在熟睡中，完全不会做梦；而B那一方仿佛一直处于兴高采烈的梦境中。我们可以预测到，这种类型的人可以将梦用于提高创造力上。

“不是说不做梦，酣然入睡的状态更好吗？”如果抱有这种想法的人一定会选A。当然，从健康的角度讲，熟睡有助于放松精神。但是这样的话，那些从梦中获得的、来之不易的主意或者好点子，估计就会跟你擦肩而过了。

此外，对于那些不从事创造性工作的朋友来说，良好的睡眠就十分重要了。

现在，很多书上都说，成年人一般每天睡7 ~ 8个小时就差不多了。可是最近美国心理学教授詹姆斯·马斯博士指出：一个人晚上睡眠6 ~ 7个小时是不够的。他对睡眠研究的结果表明只有8个小时睡眠才能够使人体功能达到高峰。所以，什么是“适量”呢？主要还是以“精神和体力的完全恢复”作为标准。

有的读者朋友可能知道，人的睡眠分为慢动眼睡眠和快动眼睡眠两个时段。重度的快动眼睡眠是最有利于大脑休息的。记忆储存、组织系统维持更新、信息整理及新的学习、表现功能的增强等都发生在快动眼睡眠的最后阶段，而快动眼睡眠通常发生在8小时睡眠期的后半部分，并可以持续90分钟左右。我们大部分人可能并没有觉察到，我们所认为的充足睡眠其实都是不够的，缺少快动眼睡眠不仅降低了生活质量，还可能引发一些疾病。

为了弥补上班族们普遍的睡眠不足，马斯博士提倡“小睡”。

这种小睡是指每天正式睡眠醒来后再小睡20分钟，其效果比晚上强制性早睡要好一些。

所以，醒来以后，如果有时间，不妨再多睡会儿“懒觉”，愉快的梦境也有可能在这时候产生哦！

正确答案：B

44 你喜欢哪种角色

下图中，一个人在玩网络游戏。在游戏中，他有自由选择主人公的权力。于是，他选择了在画面左侧的高个子男子的角色。那么，这位男士符合下列哪种性格呢?

A.积极的　B.消极的

我们在玩游戏的时候，会倾向于下意识地去选择与自身性格相似的角色。

也就是说性格为攻击性的人，会比较喜欢像攻击性战士这样的角色；对自己的智商和分析问题的能力有自信的人，则会选择类似魔法师这样的角色。

斯坦福大学的尼克依博士对名为“World of War craft（魔兽世界）”的网络游戏玩家进行过一项统计。他收集了共计76843名的人物角色的资料，进行了分析研究。

结果表明，选择了身材高大的角色进行游戏的玩家，很明显会采取“积极的”、“有攻击性的”行动；而选择了像矮人族那样的身材矮小角色的玩家性格与之正好相反。

我们会将自身形象影射到相关角色身上。因此可以通过玩家在游戏中所选角色和采取的行动，来了解其本来面目。

在网络或是手机游戏中，我们可以依照自己的喜好来选择角色，通过对角色的选择，可以大约反映出玩家自身的性格。这在心理学中称为“普罗透斯效果”。普罗透斯是一位在希腊神话中可以自由变换自己姿态的神祇。

就算不知道一个人本身的样貌和外形，通过观察分析影射此人性格的角色或者是肖像画，也可以在一定程度上推测出来他（她）的性格。

我在选择游戏中的角色时，会下意识地选择圆脸型的人物，这不外乎是因为我本人正是圆脸型的缘故。对于这一点，我原本没有意识到，某一次，一位朋友开玩笑地对我说："怎么觉得你每次选的角色跟你那么像呢？"我才恍然大悟。

这不就是"普罗透斯效果"吗？

在现实中，不怎么有魅力的人选择有魅力的角色，或是胆小怯懦的人选择强壮的角色，这样相反的现象也不少见，其心理背景可以理解为对自我的一种过分期待，但从整体来看，这部分人的比例并不占多数。大多数玩家还是会选择与自己相像的角色人物。所以说，本题设问中涉及的这位男士的性格，应该比较偏向积极向上型。

正确答案：A

45 如何显得更有威慑力

下列插图中有A和B两位男士。请问，哪一位的服装能够给对方心理上以威慑感呢？

这是一个简单的问题。A男士穿着的是黑色正装，而B男士穿着的是休闲外套，换言之，就是比较休闲的服装。

题目问的是："能给对方心理上以威慑"，因此毫无疑问，A是正确答案。

服装越是随便，越容易被对方轻视。只有选择正式的服装，才能够占据心理上的优势。

比如，医生通过穿白大褂（white coat）来提高自己的威信，这称为"白衣效果"。

如果医生随便穿着T恤、牛仔裤就进行问诊治疗的话，那么患者可能就不会完全听信医生所说的话了。这便是因为面对随意的服装，人们感觉不到专业权威的缘故。

神父、牧师还有法官等人是不是也会穿着提高威信的服装呢？这些人通过服装来提高自己的神秘度与权威度，一旦脱掉了衣服，毫无疑问，他们看起来，也跟普通人没什么两样。

就职于美国马赛诸塞州克拉克科学中心的莱昂纳多·比格曼博士，将硬币放在公共电话上，当来打电话的人把硬币装进自己口袋的时候，他便上前来询问"我把钱落在这儿了，请问你有看到吗？”他一边这样说，一边提醒他们，如果看到他丢失的钱，就请还回来。

在这时，如果比格曼博士穿的是类似西装领带这样的正装，结果显示有77%的人老实地把钱还了回来。

接下来，比格曼博士身穿工作服，手里拿着手电筒，打扮得像普通工人一样，向来往者提出同样的请求。这次只有38%的人把钱还了回来，剩下的人都随便应付道“没看到什么硬币啊”。

通过此实验，完全可以证明，他人会通过对方穿着的服装去判断身份。尤其是地位较低的情况下，无形之中被对方轻视的可能性很大。

因为没有什么必要场合，我平时很少穿西装。但正因如此，一旦穿起西装，就会感觉全身收紧，觉得自己好像一下子强大了起来；而在穿邋遢的运动衫时，就不自觉地放松了许多，这在心理上是完全不同的效果。

毫不夸张地说，商界人士的战斗服正是西装。

因此，必要的时候，还是要尽可能地选择能够威慑住对方的服装为好。

后面一篇文章的问题里，我们会提出着装的另一种情况，并且会为大家提供商务场合着装的小建议。

正确答案：A

46 穿出“权威感”

你的公司里设有每周一天的便装日，那一天，员工们可以穿自己喜爱的衣服去上班。那么，在下面的两个人当中，哪个人看起来更强势，让人更放心将工作交给他做呢？

在前面的文章里，我们曾经指出，工作时穿正式的服装会更好一些，也提到正式的服装会看起来更加强势。

这次也是与服装有关的问题。不过，不是针对外形或是样式，而是关于颜色。说到衣服，不光是样式，颜色也很重要。

让人感觉到强大、强势的颜色，正是黑色。

如果我们穿着黑色系的衣服，就会给人以强势的感觉。

大家想想，法官不就是穿着黑色的服装吗?

在过去，警察也曾经穿着黑色的制服。

军人也同样，在穿正装时便会选择黑色。

要问为什么，那是因为他们的工作就是要求别人听从他们的指令。为了不被对方所轻视，让对方按要求执行他们的命令，黑色的衣服是不可或缺的。换句话说，黑色是显示权威的颜色。

就算性格不具攻击性，只要是穿上黑色系服装，人的行为里就会带上强势的色彩。

正如得克萨斯大学的艾鲁耶佩尼博士所言，穿黑色系衣服的人，相比于穿白色系衣服的人而言，面对向自己具有攻击倾向的对手时，更能够毫不姑息地予以打击。

让我们设想一下周围的朋友们，若是平时很温和，就算对方做了失礼之事也会一笑置之、不予计较的人，在穿上黑色的衣服时，便会显现出令我们惊讶的攻击性倾向。在这时，如果对方做了对其冒犯的事情，他有可能会立即做出报复的行为。

回过头来再看插图中男士的着装。

因为是便装日，他们都穿着不加修饰的衣服。图A的男士以一身黑色的搭配出现，而图B的男士则选择穿了一身白色的衣服。因此，我们可以推测，能够具有攻击性地、积极、强势地采取行动的是A。

“不知是不是因为年纪小，经常被当成毛孩子对待。”

“是不是因为脸长得太嫩了？总是被大家瞧不起……”

如果你有类似上述陈述中的苦恼，不妨试穿一下黑色的衣服，从外形先改变一下。

这样的话，被对方轻视的程度多少会降低一些。

在需要演讲的场合，我本人也会为了加重发言的分量，经常选择穿黑色系的衣服。

请记住：黑色，虽然欠缺了些许的华丽，但却是提高自身威信的便利之选。

联系上文，大家想一想，职场着装应该注意些什么问题呢？这不仅是技巧，更是艺术。

正确的着装，我想，应当需要基于统筹的考虑和精心的搭配。一名合格的职员，身上服装的各个部分不仅要“自成一体”，而且要相互呼应、配合，在整体上尽可能地显得完美、和谐。

若是着装的各个部分之间缺乏联系，“各自为政”，它哪怕再完美也毫无意义。所以，平时在公司里，我们还是要把握住衣服要有作为一整套的“整体性”，重点是要注意两个方面：其一，是要恪守服装本身那些约定俗成的搭配。例如，穿西装时，最好就配皮鞋，不要为了追求个性穿布鞋、凉鞋、拖鞋、运动鞋之类的；其二，是要使服装各个部分相互适应，局部服从于整体，包括饰品和包包，都要尽量展现出作为一名职场人士的“整体性”。

并且，被别人夸“你穿得真有范儿”的时候，无意中会更有效地提升你的自信指数，帮助你尽快树立起自己的威信哦！

正确答案：A

47 如何快速消除紧张感

下图的A和B都是双方进行商务谈判时的场景。能够接近常态，不那么紧张地将谈话进行下去的，会是哪一个场景呢？

各位读者如果去读关于商业谈判方面的书，上面会写着“相比于多人之间交涉，一对一的谈话更加容易使商谈顺利地进行下去”。这确实是正确的解释。

因为参与谈话的人数越多，意见就变得越难统一，局面也会越发不可收拾。

那么答案是不是就是一对一进行商议的选项A呢?

我们再仔细读一下文章，会发现题目中问的其实并不是“哪一场景中的商谈更容易使意见统一”，而是“哪一个场景中能够毫无紧张状态地进行对话”。

如果是这样，有自己的前辈或是上司在场的情况下，应该就不会那么紧张。因为我们一定是有认识的人在场时，心里比较有底。

希望大家可以回想一下自己前去参加聚会或是研讨会时的情景。

当所处的环境里没有认识的人时，会变得不安、焦虑、紧张起来。

那么，当身边有公司的同事或是朋友陪同时，紧张或不知所措的情绪就会被缓解很多。

符合文义的是选项B。不可以太过受限于“商务谈判”这个词而大意地选择A选项。正确答案是B哦!

美国福尔曼大学的维斯·波塔里博士，做过这么一项实验，他召集了93名大学生志愿者，让他们在摄像机前做自我介绍。大家要知道，对于年轻人来说，在镜头前做临场的自我介绍，是很容易让人紧张的。

在这当中，波塔里博士让志愿者中的一半带着自己的好友来到了实验室。让他们在有好友陪同的情况下进行自我介绍；然后，让剩下的一半志愿者在无人陪同的情况下独自完成。

博士对这些影像进行了详细的分析。在调查能否顺畅自然地完成自我介绍这一项时，博士发现，有朋友陪伴在场的人完成得更加顺利。我想，这大致是因为志愿者觉得有朋友在场时心里会更有底的缘故。

如果是习惯了公司谈判的人，就算是一对一的对话，也可以不紧张，像平时那样自如地交谈。但是对于还没有习惯于商谈的人，还是身边有人陪同的情况下，更加能够不紧张、顺利地进行。

虽然说练就出能够进行一对一交涉的技能很重要，但是对于无论如何也觉得紧张的人，可以拜托前辈或是上司一同出席。这样的话，应该能够发挥出实力，取得更好的结果！

商务场合中，遇到自己没有经历过的严峻局面是正常的。你应该想到，自己的紧张不是无源之水、无本之木，其实，大部分人在当时的情境下，可能比你更紧张。建议各位读者朋友，不要试图与自己不安的情绪对抗，而是体验它、接受它、战胜它。

要训练自己像局外人一样观察并记录你曾有过的恐惧心理，注意不要陷入自己的情绪里去，你要试着去控制负面的情绪，而不是让它们控制你。

“如果我感到紧张，那我确实就是紧张，但是，我不能因为紧张而无所作为。”

像这样，此时此刻，你甚至可以选择和你的紧张心理对话，问自己为什么这样紧张，自己所担心的可能最坏的结果可能是怎样的，假如出现了最坏的结果，也应该没有什么大不了；况且，紧张往往与重大的商机相伴而来，千载难逢的时机绝不可以错过……这样，你就做到了正视并接受这种紧张的情绪，坦然从容地应对，有条不紊地做自己该做的事情。

正确答案：B

48 谁是更有行动力的人

下图描绘了两位心情低落的女性职员。请判断，哪一方的性格更具行动力，在愤怒时无法压制住怒火呢？

如果仔细地观察图中的两位女性，A戴着眼镜，会看起来比较安分。而B则闭着眼好像在认真思考着些什么，看起来像是比较擅长抑制感情的人。

着眼于服装来分析的话，两位穿的都是比较随便的衣服，不好做判断。那么，我们暂且停止对她们自身的观察，来看一看她们桌子上摆放的物品。

如此一来，我们会注意到放在A女士眼前的手机，手机上挂着3个手机链，很是耀眼。这一点很奇怪，如果是私人环境下，张扬一点还说得过去；但是在工作环境下，为了不给对方以轻浮的印象，一般不会在手机上挂上幼稚的手机链。即使是普通的公司职员，也会顾虑到这一点。

然而，A的手机上居然挂着3个，而且是很大、很显眼的手机链。虽然其佩戴的眼镜显示出她性格中应该会具备一些抑制力，但我想，那只是表面现象罢了。从手机链我们可以推测出这位女士很大程度上具有较为自我的主张和意识。

B女士，无论从钢笔还是铅笔盒上都显示出拘谨的状态。恐怕正如她的五官那样，性格也是低调拘谨的，绝对不是行动力强的性格。正确答案是A。

我们可以推知，佩戴手机链、提包抑或领带这种带有很强自我风格物品的人，性格普遍比较冲动和感性。与之相反，不怎么把有个性风格的东西戴在身上的人，一般都比较擅长抑制感情。

科罗拉多州州立大学威廉·斯利安科博士，通过对持有私家车的178个人进行分析，发现他们中被别的司机插队加塞儿时容易发怒的人，多是在自己车子的保险杠上贴着贴纸或是在车窗上喷漆的自我风格较强的人。

对于车上贴着很多贴纸装饰的那些人，如果想要插他们的队，他们就会不停地鸣笛，这可是十分危险的举动。这也从侧面提醒我们，还是不要插队为好……

斯利安科博士的数据主要围绕对于汽车的自我主张程度的调查而得到。但是，我们也可以将其结论应用在其他事情上。在包上挂叮当作响的东西或是钥匙串的人，还有打很多耳洞的人，一般都有很强的自我意识和主张，脾气也比较急。

由于我是心理学家，当看到有些人在手机上挂很多饰物，我就会想到“这种人肯定特别容易生气，我还是不要招惹他为好”

来提醒自己言行举止上要注意。擅长于抑制感情的人，挂奇怪饰物的可能性会非常小。

留心对方持有的物件，真的会让你发现很多很多。

很多心理学家也认为，通过观察女性佩戴的首饰，能够猜测到她们的性格。

比如，喜欢戴很多金色首饰的人，往往是颇为自信、性格外向且待人友善的人；但如果她身上只佩戴一到两种，说明其具有欣赏优质东西的好品位和固定的个人爱好，并且注意约束自己，不是一个太过随便的人。

喜欢戴银色首饰的人，往往比较遵守秩序，喜欢按照事先定好的规则行事，而不喜欢被打扰。这些人可能不是非常新潮，却对家人十分关心爱护，因为很多银色首饰，往往来自家人赠送。

很多女性喜欢戴大号而明亮的首饰，这说明她们是无忧无虑的人，喜欢在人群中表现自己，也很乐于助人，具有幽默感；喜欢戴形状较为抽象的首饰的人，则往往很具有艺术感，因为比起材质等其他因素，她们更注重与众不同。

不戴首饰的人，性格一定是低调的，会注重内在，却无意在人群中树立自己的形象。

读者朋友们，你们属于哪一种呢?

正确答案：A

后 记

postscript

充分提高自己的观察能力，是与人顺畅交往的基础。如果不能够判断出对方是什么样的人，就不能在交往的过程中选择合适的应对方式。只有正确地判断出了对方是属于哪种类型的人，才能在一开始的时候就选择更有效的沟通方法，因此，我们都需要培养出一定的察言观色的能力。

敏锐的观察能力是筑造完美的人际关系的过程中不可或缺的基础。

虽然如此，但是我也发现，可以在短时间内帮助提高这方面能力的教科书或者是参考书惊人地少。

在日常生活中，由于越来越强烈地感到，写出这样一本有实际用途的书来帮助大家，实在很有必要。所以，我撰写了这本练习册式的问题集锦，希望帮助读者们提高观察力。

当然，也有这样的作者，他们认为：“不论怎么样，在与各种各样的人的交往过程中，随着时间流逝，交情就会加深。对于人与人之间的关系的理解，自然而然也会越来越深刻，观察能力就会提高的呀！”

我认为，这是不负责任的建议。

如果没有和很多人相处就不能提高我们的洞察力的话，那么为了和成千乃至上万的人见面，要浪费掉多少时间？另外，如果认为仅仅是与人交往，就能提高自己的观察能力，可以提高自己与人交往的技巧，是不是就过于乐观了呢？

事实上，我们可以更有效率地去提高自己对人的观察能力。如果可以抓准重点，可以告诉人们“在判断一个人的时候，这些地方是非常重要的哦！”那么大家的观察能力一定可以取得飞跃性发展。

我便是本着这样的想法才撰写了这本书。如果通过本书，读者朋友们可以提高自己的观察能力，哪怕只有一点点，我也会由衷地感到高兴。

在数年前，我出版过《提高谈判能力的问题集》（由钻石社出版），这是一本帮助大家提高谈判能力的问题集锦。如果大家对本书十分感兴趣，并希望不仅仅提高自己的观察能力，也期待提高谈判能力的话，我推荐大家读一下这本书。

最后，我希望向读者朋友们表达我的谢意。正因为有你们的支持，我才能在任何时候都充满了勇气。我以后也会更加努力，争取写出更多能够帮助到大家的书。

希望以后大家也能一如既往地支持我！

内藤谊人　敬上